Bernhard Irlinger

Wanderungen auf Kreta

56 Farbabbildungen,
30 Tourenkarten
und eine Übersichtskarte

Kultur zu Fuß

STEIGER VERLAG

Der Autor:
Bernhard Irlinger arbeitet seit Abschluß seines Geographiestudiums als freier Journalist und Autor. Neben Radiobeiträgen und Zeitschriftenartikeln entstand eine Vielzahl von Rad- und Wanderführern. Die Touren dieses Bands sind alle aktuell recherchiert und fotografiert.
Von Bernhard Irlinger ist bei Steiger außerdem lieferbar:
Genußradeln im Schwarzwald

Die Deutsche Bibliothek - CIP-Einheitsaufnahme

Irlinger, Bernhard:
Wanderungen auf Kreta / Bernhard Irlinger. - Augsburg :
Steiger, 1997
   (Kultur zu Fuss)
   ISBN 3-89652-030-X

Alle Informationen und Hinweise ohne jede Gewähr und Haftung.

Es ist nicht gestattet, Abbildungen dieses Buchs zu scannen, in PCs oder auf CDs zu speichern. Ebenso unzulässig ist die Veränderung oder Manipulation in PCs/Computern, es sei denn mit schriftlicher Genehmigung des Verlags.

Gedruckt auf chlorfrei gebleichtem Papier.

Steiger Verlag
© 1997 Weltbild Verlag GmbH, Augsburg
Alle Rechte vorbehalten
Konzeption: Dr. Petra Altmann
Lektorat: Frank Heins
Kartenskizzen: Ingenieurbüro für Kartographie Heidi Schmalfuß, München
Layoutentwurf: VerlagsService Dr. Helmut Neuberger & Karl Schaumann, Heimstetten
Satz und Reproduktion: Typework Layoutsatz & Grafik GmbH, Augsburg
Druck und Bindung: Appl, Wemding

Einbandvorderseite: Byzantinisches Kloster Panagia Kera bei Kritsa (Mauritius, Mittenwald / Foto: Thonig); Vignette auf Einbandvorderseite: Festung vor Küste bei Agios Nikolaios (Bavaria, Gauting / Foto: Kappelmeyer); Einbandrückseite: Alte Windmühlen bei Vrouchas (Bavaria, Gauting / Foto: HL); S.1: Am Ausgang einer engen Schlucht liegt der Palmenstrand von Preveli (Tour 18); S. 2/3: Die Wanderung zum Kap Agios Ioannis (Tour 9) führt an alten Windmühlen vorbei.
Sofern nicht anders angegeben, stammen alle Abbildungen von Bernhard Irlinger.

Printed in Germany
ISBN 3-89652-030-X

Inhaltsverzeichnis

👦 = für Kinder besonders geeignete Touren

Einleitung 8
Landschaftsstruktur 8
Wanderwegenetz und
Kartenmaterial 8
Anforderungen an den Wanderer
und beste Jahreszeit 9
Natur 10
Geschichte und Kultur 11

Tourenbeschreibungen
Wanderungen in Ost-Kreta
 1 Von Zakros zum Palast
   von Kato Zakros 14
👦 2 Durch die Hohlakies-Schlucht
   zum Katoumes-Strand 18
 3 Von Rousolakos auf
   den Petsofas 21
 4 Von Kavousi nach Tripti 25
👦 5 Durch die Sarakinas-Schlucht
   bei Mithi 29
 6 Von Kritsa in die Kritsa-
   Schlucht 32
 7 Von Hamilo zur dorischen
   Bergstadt Lato 35
 8 Von Elounda auf die
   Halbinsel Spinalonga 38
 9 Zum Kap Agios Ioannis 41
10 Durch die Lassithi-Ebene ... 45
11 Von Dzermiado auf
   den Karfi 50
12 Von Dzermiado auf
   den Selena 53

Wanderungen in Zentral-Kreta
13 Von Arhanes auf den Jouhtas 57

14 Von der Nidha-Hochebene auf
   den Psiloritis 61
15 Die Rouwas-Schlucht bei Zaros 65
16 Von Kapetaniana zum Kloster
   Koudouma 69
👦17 Die Schlucht der Eremiten bei
   Kali Limenes 74
18 Rundtour zum Kloster v. Preveli 78
19 Die Tsirita-Schlucht bei Patsos 83
20 Von Hromonastiri auf den
   Vrissinas 86

Wanderungen in West-Kreta
21 Durch die Diktamos-
   Schlucht 90
22 Zu den Klöstern auf der
   Halbinsel Akrotiri 94
👦23 Küstenspaziergang bei
   Falassarna 97
24 Die Tsikhliana-Schlucht
   und Polyrinia 100
25 Von Azogires über
   Anidri nach Paleochora ... 104
26 Von Sougia über Lisos
   nach Paleochora 108
27 Durch die Samaria-
   Schlucht 112
28 Von Agia Roumeli über Loutro
   nach Hora Sfakion 116
29 Von Hora Sfakion über
   Anopolis nach Loutro 119
👦30 Durch die Imbros-
   Schlucht 123

Reiseinformationen von A bis Z 126

Ortsregister 128

Übersichtskarte

Einleitung

Landschaftsstruktur

Kreta ist die südlichste der griechischen Inseln und mit 8288 Quadratkilometern die fünftgrößte im gesamten Mittelmeerraum. Sie erstreckt sich von West nach Ost über eine Länge von 260 Kilometern und mißt an der breitesten Stelle über 50 Kilometer. Abgesehen von kleineren Küstenebenen wird das Bild der Landschaft von ausgedehnten Hügelländern und mächtigen, teils weit über die 2000-Meter-Grenze aufragenden Bergmassiven geprägt. Sie werden zum Großteil von verkarstungsfähigen Kalken aufgebaut, die vom Wasser gelöst werden. So entstanden ausgedehnte Höhlensysteme und große, flache Karstsenken wie die Lassithi-Ebene. Die kräftigen winterlichen Regenfälle und die Schneeschmelze im Frühjahr lassen kleine Bäche kurzzeitig stark anschwellen. Sie haben eine Vielzahl von Schluchten in die Bergflanken geschnitten, die während des restlichen Jahres trocken fallen und ideale Tourenmöglichkeiten eröffnen. Kreta liegt in einer tektonisch aktiven Zone. So haben in der Geschichte sowohl Erdbeben als auch Hebungen und Senkungen der Insel in das Leben der Menschen und das Überleben der Kulturen eingegriffen.

Wanderwegenetz und Kartenmaterial

Über Jahrtausende wurde Kreta mit einem dichten Netz von Wegen überzogen. Sie verbanden Dörfer, Hafenorte und Klöster miteinander oder führten zu abgelegenen Anbauflächen und Weiden. Viele dieser Wege sind heute von grob in die Landschaft gefrästen Schotterpisten verschluckt worden. Doch eine große Anzahl ist zum Glück des Wanderers bis jetzt erhalten geblieben. Alte Pflasterwege, berauschend schöne Landschaften und Zeugen einer Jahrtausende zurückreichenden Vergangenheit lassen sich so auf das vortrefflichste miteinander verbinden. Die Bergtouren auf schmalen Pfaden und die Durchquerung einiger abenteuerlicher Schluchten stellen größere Anforderungen. Grundsätzlich sei darauf hingewiesen, daß die meisten Wege recht steinig sind und man auf feste Wanderschuhe nicht verzichten kann. Die Markierungen lassen oft zu wünschen übrig und wechseln häufig in der Farbgebung. Einzige Ausnahme bildet der Europäische Fernwanderweg 4

Einleitung

Am Hafenbecken von Hania bietet ein alter Mann getrocknete Früchte zum Kauf an.

(E4), der die Insel auf unterschiedlichen Varianten von West nach Ost durchquert. An den Stellen, an denen wir ihm folgen, können wir uns den gelb-schwarzen Markierungen anvertrauen. Exakte Wanderkarten sind für Kreta wie für das übrige Griechenland nicht zu erhalten. Es gibt von verschiedenen Verlagen Karten im Maßstab 1:200 000, die einen guten Überblick bieten. Auf den fünf Touristikkarten des Harms ic-Verlages ist Kreta im Maßstab 1:80 000 dargestellt. Da sie teuer und ungenau sind, sollte man sich lieber auf die Kärtchen im Buch verlassen. Die Ortsnamen, deren Schreibweise von Karte zu Karte, von Buch zu Buch variieren, sind größtenteils diesen Karten entnommen.

Anforderungen an den Wanderer und beste Jahreszeit

Die Palette der beschriebenen Touren reicht von kurzen Wanderungen bis zu anspruchsvollen Bergtouren. So kann sich jeder der eigenen Kondition entsprechend sein Wanderprogramm zusammenstellen. Einige Schluchten verlangen leichtes Zupacken und die Durchquerung von Wasserstellen, einige Bergtouren etwas Orientierungssinn.

Viele der beschriebenen Wanderungen sind das ganze Jahr über zu begehen. Besonders empfehlenswert ist das Frühjahr, wenn die gesamte Insel grünt und blüht. Höhere Berge sind allerdings bis Mai mit Schnee bedeckt und viele Schluchten sind erst nach den winterlichen Regenfällen und der Schneeschmelze im Frühjahr passierbar. Im Sommer sind die meisten Touren stark der kräftigen Sonne ausgesetzt. Besonders heiß und trocken sind der Süden und Osten der Insel. Man sollte stets einen ausreichenden Getränkevorrat mitnehmen, da viele Wasserstellen wegen der freilaufenden Schafe und Ziegen keine Trinkwasserqualität aufweisen.

Natur

Über Jahrtausende hat der Mensch die Bäume auf der einstmals dicht bewaldeten Insel abgeholzt und so das heutige, meist karge Bild der Landschaft geschaffen. Trotzdem findet man auf Kreta 1500 Pflanzenarten, von denen ca. 10 % nur hier ge-

So manche Hausfassade erinnert in der Altstadt von Rethimnon an die venezianische Zeit.

deihen. Da Kreta einstmals über eine Landbrücke mit dem Peloponnes und mit Kleinasien verbunden war, zeigt die Pflanzenwelt eine enge Verbindung mit der dortigen Flora. In weiten Teilen der Insel beherrschen heute Nutzpflanzen wie Wein und Zitrusfrüchte das Bild.

In der Tierwelt hat die Jagdleidenschaft der Kreter einschneidende Veränderungen bewirkt. Von den Großtieren konnten einige Greifvogelarten und die kretische Wildziege nur dank besonderer Schutzmaßnahmen überleben. Um so reicher ist der Bestand an Kleintieren wie Insekten und Reptilien, denen man auf Schritt und Tritt begegnet.

Geschichte und Kultur

Die Lage Kretas im äußersten Südosten Europas bestimmte über die Jahrtausende seine Geschichte. In minoischer Zeit erblühte hier dank der Nähe zu den Kulturen Nordafrikas und Asiens die älteste Hochkultur Europas. Sie versank später für Jahrtausende in Vergessenheit und gibt den Archäologen bis heute Rätsel auf. In den folgenden Jahrtausenden weckte die günstige Lage Kretas an den wichtigen Handelsstraßen die Begehrlichkeiten fremder Herrscher. So hatten die Kreter immer wieder unter Eroberern zu leiden und entwickelten eine eigene Widerstandskultur. Die folgende Aufstellung gibt einen knappen Abriß der kretischen Geschichte.

Neolithikum
(6500 – 3100 v. Chr.)
Im 7. Jahrtausend wandern Menschen auf Kreta ein, die sich als seßhafte Bauern niederlassen und Fruchtbarkeitsgötter verehren. Nur wenige Funde erinnern an diese Epoche.

Frühminoische Vorpalastzeit
(3100 – 2100 v. Chr.)
In dieser Zeit lernen die Menschen Bronze zu verarbeiten, und die Grundlagen der minoischen Hochkultur entstehen. An den Stellen, an denen später die großen minoischen Paläste erbaut werden, wachsen die ersten Städte.

Ältere Palastzeit
(2100 – 1800 v. Chr.)
Die Minoer sind im östlichen Mittelmeer die beherrschende Seemacht, entwickeln eine eigene Schrift (Linear A) und schaffen hochwertige Kunstwerke. Sie erbauen die »Alten Paläste«, die wirtschaftliche, politische und kulturelle Zentren sind. Für das Ende dieser Epoche um ca. 1800 v. Chr. machen die meisten

Forscher ein schweres Erdbeben verantwortlich.

*Jüngere Palastzeit
(1800 – 1420 v. Chr.)*
Die Paläste werden wieder aufgebaut, und die minoische Kunst erlebt ihren Höhepunkt. Kreta unterhält Handelsbeziehungen bis Sizilien und Mesopotamien. Wie schon in der älteren Palastzeit macht es die uneingeschränkte Seeherrschaft unnötig, die Städte und Paläste zu befestigen. Um 1420 v. Chr. werden die Paläste, möglicherweise durch eine Naturkatastrophe, ein weiteres Mal zerstört. Die minoische Kultur lebt geschwächt fort, gerät aber bis 1200 v. Chr. zunehmend unter den Einfluß der Mykener.

*Nachpalastzeit
(1200 – 1000 v. Chr.)*
Das Ende der Bronzezeit ist bis heute weitgehend im Dunkel der Geschichte geblieben. Sicher ist, daß die minoisch-mykenische Kultur untergeht wie viele der alten Reiche im östlichen Mittelmeerraum. Bevölkerungswanderungen und Eroberungsfeldzüge neuer Völker mögen dies bewirkt haben. Die Eteokreter, Reste der ursprünglichen Bevölkerung, führen in Rückzugsgebieten die minoische Kultur in vereinfachter Form fort.

*Dorisch–Griechische Epoche
(1000 – 67 v. Chr.)*
Die neuen Herren führen das Eisen als Werkstoff ein, erbauen befestigte Städte und bewirken einen Aufschwung des Handels. Kreta, das nun in viele Stadtstaaten aufgesplittert ist, wird Teil der griechischen Welt.

*Römische Epoche
(67 v. Chr. – 395 n. Chr.)*
Nach zweijährigem Kampf erobert Rom 67 v. Chr. Kreta, das als Piraten-Schlupfwinkel den Handel bedrohte. Gortys wird Hauptstadt der Provinz, und die neue Stabilität sorgt für eine wirtschaftliche Blütezeit. Mit der Landung des Apostels Paulus und seines Gefolgsmannes Titus beginnt 59. n. Chr. die Christianisierung der Insel.

*Erste byzantinische Epoche
(395 – 827 n. Chr.)*
Nach der Teilung des römischen Reiches im Jahre 395 fällt Kreta an das oströmisch-byzantinische Reich. Die folgenden Jahrhunderte, in denen sich das Christentum ausbreitete und viele Kirchen erbaut wurden, zeichnen sich in Kreta durch Stabilität aus.

Arabische Herrschaft (827–961)
827 erobern und verwüsten die Araber unter Abu Hafs Omar Kreta. Christen werden verfolgt

Einleitung

und alle Gotteshäuser zerstört. Ihre Hauptstadt Iraklion wird zum Zentrum der Seeräuberei und des Sklavenhandels im östlichen Mittelmeer.

Zweite byzantinische Epoche (961 – 1204)
Der byzantinische General Phokas befreit die Insel von der arabischen Schreckensherrschaft. Dank der Einwanderung byzantinischer, Genueser und venezianischer Familien erlebt die entvölkerte Insel einen neuen Aufschwung.

Venezianische Epoche (1204 – 1669)
In Folge des vierten Kreuzzuges fällt Kreta an Venedig, das ein feudales Wirtschaftssystem aufbaut. Die daraus erwachsenden Ungerechtigkeiten lassen den kretischen Widerstand wachsen, der von der orthodoxen Kirche unterstützt wird. In der Kirchenkunst bleiben lange Zeit die byzantinischen Vorbilder maßgebend.

Türkische Epoche (1669 – 1898)
Nach jahrelangen Kämpfen können die Türken 1669, mit Ausnahme dreier Inselfestungen, ganz Kreta erobern. Die mangelhafte Verwaltung und hohen Abgaben lassen Kreta verarmen. Vor allem in den unzugänglichen Bergregionen wächst der Widerstand, der erneut von der orthodoxen Geistlichkeit unterstützt wird. Nach vielen, grausam unterdrückten Aufständen zwingen internationale Verhandlungen die Türken im Jahre 1898 zum Rückzug von der Insel.

Autonome Verwaltung und Anschluß an Griechenland
Nach dem Abzug der Türken wird Kreta in Selbstverwaltung regiert, ehe die Insel 1913 unter Führung von Elefterios Venizelos dem griechischen Staat angeschlossen werden kann. Im Zweiten Weltkrieg hat Kreta noch einmal eine schwere Zeit zu durchstehen. Nach der Eroberung durch die Deutschen sind die Zivilbevölkerung und die Widerstandskämpfer grausamen Repressalien ausgesetzt.

Im fruchtbaren Frühjahr überzieht Kreta ein bunter Blumenteppich.

Wanderungen in Ost-Kreta

1 Von Zakros zum Palast von Kato Zakros

 Tourenlänge
13 km

 Durchschnittliche Gehzeit
4 1/2 Std.

 Etappen
Zakros – Kato Zakros 2 1/4 Std. – Zakros 2 1/4 Std.

Steigungen
350 m

 Interessantes am Weg
Das Tal der Toten mit Grabhöhlen in den Schluchtwänden; der minoische Palast von Kato Zakros.

 Wegcharakter
Einfache, aber lange Wanderung. Gute Bademöglichkeiten am Strand von Kato Zakros. Abstieg durch die Schlucht auf schmalem Wanderweg, Rückweg über Schotterstraßen. An der Straße nach Kato Zakros liegt 2,5 Kilometer unterhalb von Zakros vor einer Rechtskurve ein Parkplatz, von dem ein beschilderter Weg in die Schlucht führt. Ab hier auf verkürztem Weg durch den schönsten Schluchtabschnitt. Das ganze Jahr über möglich, im Sommer sehr heiß.

 Wegmarkierungen
Rote Markierungen und gelbschwarze E4-Schilder.

An der Stelle, an der im Ortszentrum von Zakros die Hauptstraße vor dem Hotel Zakros nach rechts umbiegt, gehen wir auf der Straße *25 Martiou* ca. 50 Meter nach links (Ww. »E4«). An der Gabelung halten wir uns rechts (roter Pfeil) und wandern auf einem betonierten Weg abwärts, der bald unter einem Aquädukt hindurchleitet. Im unteren Ortsbereich stoßen wir auf eine Betonstraße, der wir entlang eines offenen Wasserkanals rechts hinab folgen.
Im Tal geht sie geradewegs in eine Sandstraße über, die bald leicht ansteigt und uns zu einer Weggabelung bringt. Wir halten uns links (Ww. »E4«) und wandern oberhalb von Häusern durch den Hang. Bald biegen wir an zwei kurz aufeinander folgenden Weggabelungen jeweils links ab (Ww. »Gorge«). Vom breiten Weg zweigt nun nach kurzer Zeit rechts der Wanderweg ab. Nach einem Gatter folgen wir dem E4-Schild nach rechts und erreichen den Talgrund.
Wir gehen wenige Meter am Fluß entlang, ehe uns einige Steine zum Fußweg am linken Ufer hinüberhelfen. Auf dem alten Weg rechts in die Schlucht hinab, die vor uns liegt. An der Stelle, an der von links eine zweite Schlucht herabkommt, überque-

Von Zakros zum Palast von Kato Zakros 1

ren wir wieder den Bach und folgen einer betonierten Wasserleitung.
Wir erreichen bald einen Rastplatz unter Bäumen, überqueren wieder den Fluß und folgen einer Wasserleitung auf der linken Flußseite. Nach halber Wegstrecke weitet sich das Tal, und rechts zweigt ein Weg zu einem Parkplatz an der neuen Straße hinauf ab (Ww. »Ano Zakros«). Wir wandern aber geradeaus (Ww. »Kato Zakros«) in den unteren, imposantesten Teil der Schlucht. In den senkrechten Felswänden erkennen wir die Grabhöhlen, in denen schon seit vorminoischer Zeit Tote beigesetzt wurden und die dem Tal den Namen gaben. Über den flachen Talboden leitet uns der Weg immer links des Baches bis zum Schluchtausgang.

An der kretischen Ostküste liegt das Ausgrabungsgelände der minoischen Palaststadt Kato Zakros.

Das Tal der Toten verdankt seinen Namen den Höhlen, die vor Jahrtausenden als Grabstätten genutzt wurden.

Hier treffen wir kurz nach einem Gatter an einer betonierten Furt auf ein Sandsträßchen, das uns links in wenigen Minuten zum Ausgrabungsgelände von Kato Zakros bringt. Schon 2500 v. Chr. lebten in der Bucht von Kato Zakros Menschen. Um 1900 v. Chr. erbauten die Minoer hier einen ersten Palast. Um 1600 v. Chr. entstanden in einer zweiten Bauphase jene Gebäude, deren Reste wir heute bewundern können. Der Palast wird seit 1962 ausgegraben. Er ähnelte jenem von Knossos und besaß auf drei Stockwerken ca. 200 Räume, die rund um einen großen Innenhof lagen. Der Palast beherbergte in getrennten Trakten Privatgemächer, Kulträume, Magazine und Werkstätten, war mit modernen sanitären Anlagen ausgestattet und von einer Wohnstadt umgeben. Eine Straße führte zum Hafen, der durch die Absenkung der kretischen Ostküste heute unter Meeresniveau liegt. Er diente einst den Minoern als Basis für den Handel im östlichen Mittelmeerraum und bildete die Grundlage für den Reichtum der Palaststadt von Kato Zakros. Um 1450 v. Chr.

Von Zakros zum Palast von Kato Zakros 1

wurde die Anlage zerstört und teilweise geplündert. Der Palast geriet für 3400 Jahre in Vergessenheit und wurde nie von Schatzräubern heimgesucht. So konnten die Archäologen hier Kunstwerke ausgraben, die zu den schönsten und bedeutendsten der minoischen Kultur zählen und die heute im Archäologischen Museum von Iraklion zu bewundern sind.

Wir wandern auf bekanntem Weg zurück zum Schluchtausgang und folgen hier geradewegs der Betonpiste durch das Bachbett. Die alte Straße windet sich nun, vorbei an einigen Gebäuden, in weiten Kurven durch den schattenlosen Hang aufwärts. Wir folgen stets der groben Schotterstraße, die mehrmals als phantastischer Panoramaweg am Rande der tief eingeschnittenen Schlucht entlangläuft.

Nach ca. vier Kilometern stoßen wir nahe des Parkplatzes, an dem der kurze Abstiegsweg in die Schlucht beginnt, auf die breite, neue Teerstraße. Wir folgen ihr wenige hundert Meter aufwärts, ehe wir an einer Linkskurve schräg rechts in eine Schotterstraße einbiegen. Wir gehen immer auf dem Hauptweg geradeaus durch die Olivenhaine. Bald führt er bergab, und im Tal unterhalb von Zakros treffen wir auf unseren morgendlichen Weg, auf dem wir in das Ortszentrum von Zakros hinaufwandern.

Informationen zur Tour

 Ausgangsort

Zakros liegt 17 km südlich von Palekastro oberhalb der kretischen Ostküste.

Anfahrt

Mit eigenem Fahrzeug: Auf guter Teerstraße von Sitia über Palekastro nach Zakros.
Bus: Zweimal täglich von Sitia über Palekastro nach Zakros (der Bus fährt weiter bis in die Bucht von Kato Zakros).
Taxi: In Zakros.

 Einkehrmöglichkeiten

Tavernen in Zakros und am Strand von Kato Zakros.

Unterkünfte

In Zakros Hotel Zakros, Tel. 08 43/ 9 33 79.
Privatunterkünfte entlang der Straße nach Kato Zakros und in Kato Zakros.

 Öffnungszeiten

Kato Zakros: Di – So 8.30 – 15 Uhr, Mo geschlossen.

2 Durch die Hohlakies-Schlucht zum Katoumes-Strand

 Tourenlänge
6 km

 Durchschnittliche Gehzeit
2 Std.

 Etappen
Hohlakies – Katoumes-Strand 1 Std. – Hohlakies 1 Std.

 Steigungen
100 m

 Interessantes am Weg
Die Hohlakies-Schlucht und der Katoumes-Strand.

 Wegcharakter
Einfache Schluchtwanderung auf schmalem Weg zu herrlich abgeschiedenem Strand (gute Bademöglichkeit). Auch mit größeren Kindern gut zu begehen. Im Frühjahr sind einige Wasserbecken zu umgehen.

 Wegmarkierungen
Rote Punkte und Pfeile, Steinmänner.

 Eignung für Kinder
Für Kinder ab 10 Jahren.

Wie eine ausgedörrte Wüstenlandschaft wirkt der unnahbare Osten der Insel Kreta. Kahle Berge, deren Flanken in bunten Farbtönen leuchten, und wild zerrissene Schluchten bestimmen das Bild. Nur wenige grüne Talmulden, in denen ärmliche Bauerndörfer vor sich hin schlummern, unterbrechen die grandiose Monotonie der Landschaft. Hohlakies liegt in einer dieser Oasen, von der sich eine Schlucht zum herrlichen Katoumes-Strand windet.

Von der Hauptstraße (Ww. »Chochlakies Canyon, Katoumes Beach«) gehen wir auf einem Betonweg zwischen den wenigen Häusern des ärmlichen Dörfchens Hohlakies abwärts. 30 Meter nach den letzten Gebäuden biegen wir links auf einen schmalen Weg, der uns entlang einer offenen Wasserleitung bis vor ein kleines Kirchlein führt. Wir überqueren eine Schotterstraße (man kann auch der Schotterstraße nach links folgen und dann im Flußbett rechts zur Schlucht wandern) und gehen auf einem Feldweg rechts am Kirchhof vorbei. Am Ende dieser Schotterstraße wechseln wir auf einen teils gepflasterten Weg, der zwischen Steinmauern zu einem Bachbett hinabführt.

Wir gehen wenige Meter nach links und steigen dann rechts

Hohlakies-Schlucht – Katoumes-Strand 2

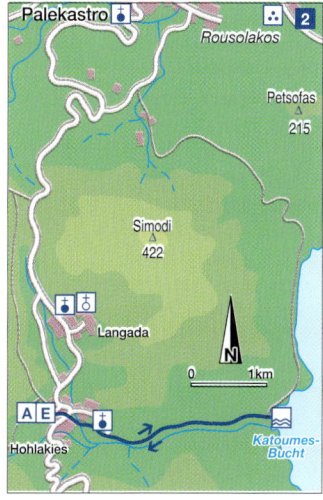

aus dem Bachbett. Hier beginnt ein Weglein, das bald am Bachbett entlang läuft. Wenige Meter nach einer Steinmauer mit rotem Punkt halten wir uns leicht rechts und folgen der Wegspur geradeaus durch die Olivenhaine. Wir erreichen den Rand einer Terrasse und queren schräg nach links (roter Pfeil) durch das zweigeteilte Flußbett (Steinmänner und rote Punkte) auf die linke Talseite.
Wir wandern auf dem Steig links des Bachbettes abwärts. Am Beginn der Schlucht hilft uns ein Gatter durch einen Zaun. Die grauen Kalkwände rücken nun nahe zusammen, und der Pfad pendelt im Bachbett abwärts. Immer wieder versperren Felsblöcke den Weiterweg. Rote Markierungen und Steinmänner weisen uns den Weg. Bald wird der Talgrund flacher. Der Pfad läuft teils im Bachbett, teils rechts oder links davon und ist problemlos auszumachen.
Die Schlucht schlängelt sich in einem Rechts-Links-Bogen durch die senkrechten Felsen, und anschließend geht der Blick zum ersten Mal auf die blau leuchtende Fläche des Meeres hinaus. Der Weg führt noch kurz rechts am Bachbett entlang, ehe man im ausgetrockneten Flußlauf bis zum Meer gelangt. Weit dehnt sich zwischen zwei felsigen Land-

Am Ausgang der Hohlakies-Schlucht liegt der weit geschwungene, von Felsen eingerahmte Katoumes-Strand.

vorsprüngen die einsame Sandsichel des Katoumes-Strandes, an dem einige schattenspendende Bäume herrliche Rastplätze bieten. Nach einer langen Badepause kehren wir durch die Schlucht nach Hohlakies zurück.

Informationen zur Tour

 Ausgangsort

Hohlakies liegt 8 km südlich von Palekastro an der Straße nach Zakros.

 Anfahrt

Mit eigenem Fahrzeug: Auf guter Teerstraße von Sitia nach Palekastro und auf der nach Zakros ausgeschilderten Straße, die nach 8 km durch Hohlakies führt.
Bus: Zweimal täglich Busse von Sitia über Palekastro nach Zakros (Haltestelle in Hohlakies).
Taxi: In Palekastro.
Fahrzeugverleih: In Palekastro (Zweiräder).

 Einkehrmöglichkeiten
Keine.

 Unterkünfte

In Hohlakies keine Unterkünfte. 8 km nördlich in Palekastro eine große Auswahl an Hotels und Privatzimmern.

 Auskunft

Auskunftsbüro in Palekastro, Tel. 08 43/6 13 05.

 Weitere Sehenswürdigkeiten

Nördlich von Palekastro der Palmenstrand von Vai, nordwestlich das Kloster Toplou.

Durch das karge Felsland Ostkretas zieht sich die imposante Hohlakies-Schlucht zum Meer hinab.

3 Von Rousolakos auf den Petsofas

Tourenlänge
5 km

Durchschnittliche Gehzeit
2¼ Std.

Etappen
Rousolakos – Petsofas 1¼ Std.
– Rousolakos 1 Std.

Steigungen
240 m

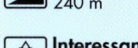
Interessantes am Weg
Die minoisch-dorische Stadt Rousolakos und das minoisch-dorische Gipfelheiligtum auf dem Petsofas.

Wegcharakter
Eine einfache, auf kurzen Abschnitten weglose Rundwanderung auf den großartigen Aussichtsgipfel mit antikem Gipfelheiligtum. Am Ende der Tour gute Bademöglichkeiten. Das ganze Jahr über möglich, im Sommer sehr heiß.

Wegmarkierungen
Teils rote, teils gelbe Markierungen.

Oberhalb des Sandstrandes, der vom Kastri genannten Tafelberg bewacht wird, liegt das Ausgrabungsgelände von Rousolakos. Anfang des 20. Jahrhunderts stießen hier Archäologen auf die rechtwinkligen Straßenzüge und Grundmauern einer Stadt, die zu den größten und wichtigsten der Minoer zählte. Die Ausgrabungsarbeiten dauern mit Unterbrechungen bis zum heutigen Tag an und bringen immer neue Häuser und Straßen ans Tageslicht. Um 1450 v. Chr. wurde die minoische Siedlung zerstört. Dorer erbauten auf den Grundmauern eine neue Stadt, die unter dem Namen Heleia erneute Bedeutung erlangte.

Wir gehen nicht rechts zum Ausgrabungsgelände von Rousolakos, sondern folgen geradewegs der Schotterstraße nach Osten. Nach ca. 150 Metern führt die Straße sanft auf einen schwach ausgeprägten Geländekamm, der rechts, markiert durch Buschbewuchs, genau auf den Gipfel des Petsofas zuläuft. Hier wechseln wir rechts auf einen Feldweg und folgen nach 100 Metern geradeaus dem felsigen Rücken. Wir überqueren einen Feldweg und halten uns anschließend knapp rechts der Buschreihen. Die undeutlichen Wegspuren gehen bald in einen deutlichen Pfad über, der geradeaus in Richtung des Petsofas-Gipfels hinaufführt.

Bald hilft ein Gatter durch einen Zaun, und der Weg quert anschließend links aufwärts durch die Hänge des Petsofas (einige rote Markierungspunkte). Wir erreichen die Ostseite des Berges, der durch ein tief eingeschnittenes Tal von den östlich anschließenden Bergrücken getrennt wird, auf dem wir schon unseren Abstiegsweg erahnen können. Der Weg wird bald flach, und auf einem Stein zur Linken sind deutlich gelbe und grüne Farbpunkte zu erkennen.

Vom Petsofas führt uns der Weg durch karge Hänge zu einer weit geschwungenen Meeresbucht hinab.

Von Rousolakos auf den Petsofas 3

Hier steigen wir durch wegloses Gelände rechts zum Gipfel des Petsofas hinauf. Der erste Teil des Gipfelanstieges führt durch einen anstrengenden Hang geradewegs aufwärts bis zu einem gelben Markierungspunkt auf dem niedrigen Felsgürtel, der ihn nach oben abschließt. Dann wandern wir in gleichbleibender Richtung über eine Hochebene zum Gipfel des Petsofas mit dem unübersehbaren Vermessungszeichen, von dem wir einen phantastischen Rundblick genießen. Wenige Meter unterhalb ist rund um die bescheidenen Reste eines hellenistischen Zeusheiligtums der Boden mit antiken Scherben übersät. In minoischer Zeit befand sich hier ein berühmtes Gipfelheiligtum. Im 20. Jahrhundert wurden hier zahlreiche Votivgaben entdeckt. Auf der bekannten Route steigen wir jetzt wieder zu den Markierungspunkten am deutlich ausgeprägten Weg ab und folgen ihm nach rechts zur Hochebene. Nach 30 Metern bei einem Steinmann auf dem deutlicheren Weg nach links und an der folgenden Weggabelung wieder links abwärts (in diesem Abschnitt mehrere rote Markierungspunkte) bis zu einer kleinen Verebnung am oberen Ende der Schlucht. Hier verlieren sich kurzzeitig die Wegspuren.

Wir gehen in einem Abstand von ca. 30 Metern rechts des Schluchtabbruches geradewegs weiter und finden in dem niedrigen Gestrüpp eine schmale Wegspur, die durch die sanfte Talmulde aufwärts führt. Sie läuft bald über eine niedrige Steinmauer und schwenkt dann leicht nach links auf die linke Ecke eines höheren Steinwalls zu. Hier biegen wir scharf nach links und wandern auf der Höhe eines Bergrückens entlang bis zu deutlichen Steinmännern (mehrere gelbe Markierungen), die uns schon vom Petsofas aus aufgefallen waren. Wenige Meter links unterhalb beginnt ein deutlicher Weg, der anfangs in Serpentinen, im unteren Abschnitt in einer Talmulde bis zum Meer hinabführt. Hier treffen wir auf eine Schotterstraße, auf der wir links entlang der herrlichen Küstenlinie nach Rousolakos zurückwandern.

Informationen zur Tour

 Ausgangsort
Palekastro liegt 18 km östlich von Sitia.

Anfahrt
Mit eigenem Fahrzeug: Auf guter

Rousolakos zählte sowohl in minoischer Zeit als auch unter den Dorern zu den bedeutendsten Städten Ostkretas.

Straße von Sitia nach Palekastro. Von Palekastro folgen wir der Beschilderung nach Angathia, Chiona und Rousolakos, fahren kurz vor Angathia auf der breiten Teerstraße nach links (Ww. »Chiona Beach«). Am Ende der Teerstraße geradeaus auf eine Schotterstraße. An der nächsten Weggabelung rechts zum Strand. Ein Schotterweg zweigt rechts ab zum eingezäunten Ausgrabungsgelände von Rousolakos. Hier gute Parkmöglichkeiten.
Bus: Mehrmals täglich Busverbindung von Sitia nach Palekastro. Die letzten zwei Kilometer nach Rousolakos zu Fuß.
Taxi: In Palekastro.
Fahrzeugverleih: In Palekastro (Zweiräder).

 Einkehrmöglichkeiten
Mehrere Fischtavernen am Strand nahe des Ausgangspunkts.

 Unterkünfte
Große Auswahl an Hotels und Privatzimmern in und um Palekastro.

 Öffnungszeiten
Rousolakos: Durchgehend offen.

 Auskunft
Auskunftsbüro in Palekastro, Tel. 08 43/6 13 05.

 Weitere Sehenswürdigkeiten
Nördlich von Palekastro der Palmenstrand von Vai, nordwestlich das Kloster Toplou.

4 Von Kavousi nach Tripti

Tourenlänge
8 km

Durchschnittliche Gehzeit
5 Std.

Etappen
Kavousi – Tripti 3 Std. – Kavousi 2 Std. (Besteigung des Afendis Stavromenos zusätzlich 3½ Std.).

Steigungen
750 m

Interessantes am Weg
In Kavousi die byzantinischen Kirchen Agios Georgios mit Fresken aus dem 14. Jh. und Agios Apostoli mit Fresken aus dem 15. Jh.

Wegcharakter
Anstrengende, aber aussichtsreiche Bergwanderung großteils auf alten Wegen. Das ganze Jahr über möglich, im Sommer sehr heiß.

Wegmarkierungen
Rote und orange Markierungen.

In einer grünen Talmulde liegt das Dorf Kavousi, das sich trotz der breiten Durchgangsstraße seinen ländlichen Charme bewahren konnte. Mehrere kleine Kirchen mit alten Fresken liegen im Ortsbereich verstreut, sind allerdings meist verschlossen. Über Kavousi ragen die steilen Nordwest-Abstürze der Tripti-Berge unnahbar in den Himmel. Hinter einem vorgeschobenen Bergkamm liegt die Sommersiedlung Tripti, in der vorwiegend Wein angebaut wird. Südöstlich Tripti erhebt sich der höchste Berg des Tripti-Massives, der Afendis Stavromenos (1476 m). Am 14. September, dem Tag der Kreuzerhöhung, steigt eine Prozession zur Kapelle auf seinem Gipfel hinauf. Von Kavousi wollen wir dem alten Pilgerweg nach Tripti folgen. Wer noch genug Kraft hat, kann von dort auf steilem Weg den Gipfel bezwingen.

Wir beginnen unsere Wanderung an der großen Kirche im Ortszentrum von Kavousi. Hinter der Kirche auf der breiten Dorfstraße rechts aufwärts zu einem kleinen, ebenen Platz mit Kafenion und Kiosk. Am Ende des Platzes links auf eine steile Betonpiste und nach wenigen Metern wieder links halten (roter Pfeil). Nun immer geradewegs, links an einem alten Kirchlein vorbei, steil durch das Dorf hinauf bis zur höchstgelegenen Kirche. Rechts vom Kirchhof beginnt der rot markierte Plattenweg, der zweimal eine Fahrstraße geradewegs überquert. Etwas höher geht der alte Weg in einen Schotterweg über, der nach wenigen Metern wieder auf die Fahrstraße trifft. Auf ihr kurz nach rechts und an der folgenden Wegkreuzung dem breiten Weg links hinauf folgen (roter Pfeil). Nach ca. 200 Metern an einem kurzen Flachstück rechts unter Olivenbäumen wieder auf den alten Weg (rote Punkte). Der

Ein alter, teils gepflasterter Weg zieht von Kavousi durch steile Berghänge zum Almdorf Tripti hinauf.

ns Von Kavousi nach Tripti 4

Wanderweg führt bald wieder nahe an eine Schotterstraße. Wir bleiben aber auf dem hier etwas verwachsenen, doch gut markierten Weglein, das links der Straße entlangläuft. Vorbei an einer Ruine erreichen wir steileres offenes Gelände.
Bald zweigt rechts ein Weglein zu einer nahen Kapelle ab. Wir halten uns jedoch links und steigen auf herrlich aussichtsreichem Weg hinauf bis vor eine Felswand (rote und orange Markierungen). Wir treffen hier auf das Ende eines Fahrweges und finden links die Fortsetzung des Wanderweges. Breit gepflastert zieht er durch den Steilgürtel zu verwilderten Weinterrassen hinauf. Mehrmals zweigen schmale Pfade rechts und links zu den Terrassen ab. Wir folgen jedoch immer dem orange markierten breiteren Weg im Zick-Zack aufwärts. Bis auf den Bergkamm schlängelt sich der Steig in vielen Serpentinen durch die mit duftenden Kräutern bewachsenen Steilhänge. Tief unter uns liegen die weißen Häuser von Kavousi und der blaue Mirabello-Golf mit seiner gebirgigen Umrahmung. Oben auf dem Bergkamm stoßen wir in einer Kurve auf eine breite Schotterstraße. Wir folgen der linken Piste und wandern unterhalb des Bergkammes in ca. 20 Minuten zu einer Kreuzung nahe der ersten Häuser von Tripti. Hier gehen wir rechts hinauf zu einer weiteren Kreuzung. Nun liegen die verstreuten Häuser von Tripti vor uns, über denen im Südosten die steilen Hänge des Afendis Stavromenos aufragen. Wir halten uns links (Wegweiser zur Taverne von Tripti) und erreichen nach wenigen Minuten die Taverne.
Von hier kann man auf dem Wallfahrtsweg den Afendis Stavromenos besteigen. Man folgt der Fahrstraße zum höchstgelegenen Haus von Tripti, das am unteren Rand eines Kiefernwaldes leicht auszumachen ist. Von dort auf dem rot markierten Weg durch den Wald und weiter oben durch den Felsgürtel bis zu einer Ebene. Nach der Ebene trifft man auf eine Fahrstraße, die durch den Gipfelhang zur Kapelle auf dem Afendis Stavromenos führt. Für den Rückweg nach Kavousi benutzen wir wieder den Aufstiegsweg.

Informationen zur Tour

Ausgangsort

Kavousi liegt oberhalb der Mirambellou-Bucht am Nordwestfuß der steil aufragenden Tripti-Berge.

Umgeben von Weinbergen liegt in einer Senke am Fuß des Afendis Stavromenos die Sommersiedlung Tripti.

 Anfahrt

Mit eigenem Fahrzeug: Kavousi liegt 27 km östlich von Agios Nikolaos an der Hauptstraße nach Sitia.
Bus: Kavousi ist Haltestelle der häufig befahrenen Buslinie von Agios Nikolaos nach Sitia.

Einkehrmöglichkeiten

Mehrere Tavernen in Kavousi, eine Taverne in Tripti.

Unterkünfte

Zimmer in den beiden Tavernen nahe dem östlichen Ortsausgang.
Zwei Hotels und Privatzimmer 6 km westlich in Pachia Ammos.
Große Auswahl an Unterkünften in Agios Nikolaos.

 Weitere Sehenswürdigkeiten

Westlich von Pachia Ammos die einstmals bedeutende und einzig vollständig ausgegrabene minoische Stadt Gournia; an der Straße Richtung Ierapetra nahe Vasiliki ein frühminoisches Herrenhaus; an der Straße nach Ierapetra am südlichen Ortsausgang von Episkopi die nahe einem frühchristlichen Märtyrergrab errichtete byzantinische Agios-Georgios-Kirche aus dem 12. und 13. Jh.

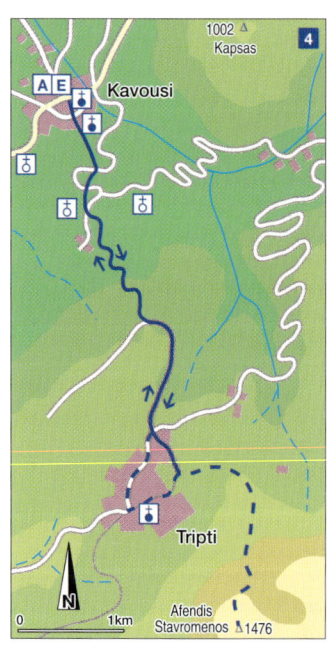

5 Durch die Sarakinas-Schlucht bei Mithi

Tourenlänge
4 km

Durchschnittliche Gehzeit
2 Std.

Etappen
Ausgangspunkt – Schluchtende 1 Std. – Ausgangspunkt 1 Std.

Steigungen
100 m

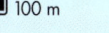
Interessantes am Weg
Die enge Schlucht mit ihren steil aufragenden Wänden.

Wegcharakter
Bis zur ersten Engstelle kurzer Spaziergang, dann schwierige Durchquerung der kurzen, imposanten Schlucht. Nur ab Frühsommer bei niedrigem Wasserstand möglich; für die Wasserstrecken sind Sandalen anzuraten.

Wegmarkierungen
Teilweise rote Markierungen.

Eignung für Kinder
Bis zur ersten Engstelle für Kinder besonders geeignet.

Westlich von Ierapetra liegt an der Mündung des gleichnamigen Flusses das Dorf Mirtos, in dem man die Ruinen römischer Thermen und Villen fand. Schon in minoischer Zeit wußten die Menschen dieses fruchtbare Tal zu schätzen. Ca. 2200 v. Chr. wurde auf einem Hügel auf der Ostseite des Flusses, hoch über dem Meer, die frühminoische Siedlung von Pirgos erbaut. Um 1700 v. Chr. entstand ein großzügiges Herrenhaus, das um 1450 v. Chr. zusammen mit der Siedlung zerstört wurde.

Bevor wir zur Sarakinas-Schlucht aufbrechen, statten wir dem Ausgrabungsgelände von Pirgos einen Besuch ab. Westlich der Brücke am Ortsrand von Mirtos findet man eine Hinweistafel, die den Weg auf eine Schotterstraße weist. Nach wenigen Metern hält man sich rechts und folgt einem Pfad ca. zehn Minuten bis zum Herrenhaus auf dem höchsten Punkt der Hügelkuppe. Solides Mauerwerk, Treppengassen, eine Zisterne und ein mit Alabaster gepflasterter Hof sind zu sehen. Die strategisch günstige Lage beschert uns heute einen herrlichen Blick über die Küste und über das Mirtos-Tal zu den Dikti-Bergen.

Einige Kilometer oberhalb der Küste hat sich der Fluß nahe der Ortschaft Mithi die enge Sarakinas-Schlucht gegraben. Durch sie führt eine abenteuerliche Wanderung, die erfrischende

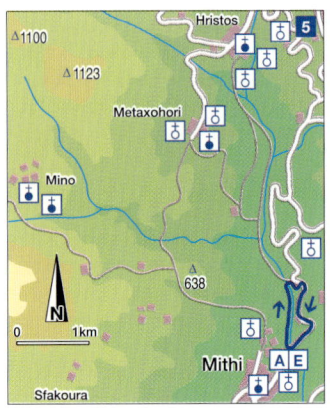

Abkühlung verspricht. Wir gehen auf dem Schotterweg bis zur kleinen Staumauer und finden dort einen roten Pfeil, der links hinauf weist. Nach wenigen Metern erreichen wir eine betonierte Wasserrinne, die uns rechts den Weg in die Schlucht zeigt. Über einem kleinen Teich helfen uns einige Eisenklammern um eine Felskante. Wenige Meter weiter waten wir durch den Fluß zur engsten Stelle der beeindruckenden Schlucht. Bis hierher ist die Tour ohne große Probleme zu begehen und für Klein und Groß ein herrlicher Abenteuer-Spaziergang.
Wer die ganze Schlucht begehen will, der sollte ein wenig Klettererfahrung mitbringen und einige kalte Duschen nicht scheuen. 50 Meter nach der engsten Schluchtpassage, in der das flache Flußbett problemlos zu begehen ist, sperren mächtige Felsblöcke den Weiterweg. Wenn der Fluß nicht zu viel Wasser führt, watet und klettert man im Wasserstrom aufwärts. Wer halbwegs trocken bleiben will, der muß ab hier mehrmals über glattpolierte Felsblöcke klettern. Nach den ersten Kraxeleien wird das Flußbett zwischen den himmelhohen Wänden wieder flacher und ist leicht zu begehen. Bald gilt es wieder eine schwierige Engstelle zu überwinden. Das Tal weitet sich dann ein wenig, aber nach kurzer Zeit versperrt wieder ein Abbruch den Weiterweg. Über die letzte Steilstelle vor dem Schluchtausgang, die nur sehr schwierig zu passieren wäre, hilft uns eine Leiter hinauf.
Die Schlucht ist jetzt zu Ende. Wer nicht wieder über die schwierigen Felspassagen absteigen will, der folgt dem Flüßchen noch ca. 300 Meter talauf bis zu einer Furt. Hier hilft uns rechts eine Fahrspur durch das Schilf zu einem nahen Schottersträßchen, auf dem wir nach rechts wandern. Es führt uns in einer weiten Kehre durch die Talhänge zu einer Teerstraße hinauf. Sie bringt uns rechts in vielen Kehren zum Ausgangspunkt im Flußtal zurück.

Durch die Sarakinas-Schlucht bei Mithi 5

Informationen zur Tour

 Ausgangsort
Mithi liegt ca. 6 km nördlich von Mirtos am Südostfuß der Dikti-Berge.

 Anfahrt
Mit eigenem Fahrzeug: Vom 12 km westlich von Ierapetra gelegenen Mirtos auf der gut ausgebauten Straße in Richtung Ano Viannos. Nach kurzer Fahrt rechts nach Mithi abbiegen. Am Dorfplatz in Mithi rechts der Straße nach Males folgen. Ca. 600 Meter nach dem Dorf zweigt kurz vor einem Flußbett links eine Schotterstraße ab, die zu einem Stauwehr im Flußtal führt. Hier Parkmöglichkeit.

Bus: Busverbindung mehrmals täglich von Ierapetra nach Mirtos und weiter nach Mithi. Von Mithi in zehn Minuten zum Ausgangspunkt.
Fahrzeugverleih: In Mirtos.

 Einkehrmöglichkeiten
Eine Taverne in Mithi.

Unterkünfte
Hotels und Privatzimmer in Mirtos. Campingplätze an der Küstenstraße zwischen Mirtos und Ierapetra.

 Weitere Sehenswürdigkeiten
Bei Mirtos die frühminoische Siedlung Pirgos mit minoischem Herrenhaus; bei Nea Mirtos die frühminoische Siedlung Fournou Korfi.

Auf einem aussichtsreichen Hügel hoch über der kretischen Südküste liegt das minoische Herrenhaus von Pirgos.

6 Von Kritsa in die Kritsa-Schlucht

Tourenlänge
6 km

Durchschnittliche Gehzeit
2¼ Std.

Etappen
Brücke – hoher Zaun 1¼ Std. – Brücke 1 Std.

Steigungen
150 m

Interessantes am Weg
Kirchen von Kritsa, die ausgesprochen enge Schlucht.

Wegcharakter
Eine der großartigsten Schluchtwanderungen in Kreta. Am besten vom Frühsommer bis in den Herbst. Führt der Fluß Wasser, ist die Schlucht nicht begehbar.

Wegmarkierungen
Blaue Markierungen.

Wie das Urbild eines kretischen Bergdorfes ziehen sich die weißen Häuser von Kritsa einen mit Oliven- und Mandelbäumen bewachsenen Berghang hinauf, der von einem felsigen Gipfelkamm gekrönt wird. Die Schönheit der Szenerie ist nicht verborgen geblieben. Viele Touristen unternehmen den Abstecher von der nahen Küste in das Dorf, das für seine Häkel- und Webarbeiten berühmt ist und in dem Nikos Kazantzakis' Roman »Griechische Passion« verfilmt wurde. Neben der Kirche Agios Konstantinos mit schönen Fresken aus dem 14. Jahrhundert finden sich im Dorf noch weitere byzantinische Gotteshäuser. Der Hauptanziehungspunkt von Kritsa, die berühmte Panagia-Kera-Kirche, liegt unterhalb des Ortes an der Straße nach Agios Nikolaos. Zwischen hoch aufragenden Zypressen duckt sich hier die dreischiffige Kirche. Dank ihrer harmonischen Architektur mit den erdverbundenen Stützmauern, der Rundkuppel und dem zierlichen Glockentürmchen zählt sie zu den schönsten Sakralbauten auf Kreta. Sie entstand in vier Bauphasen zwischen dem 13. und 15. Jahrhundert. Glanzpunkt der Panagia Kera sind die herrlichen Fresken im Inneren, die die Wände fast vollständig bedecken. Die Malereien im älteren Mittelschiff entstanden im 13., die in den später angebauten Seitenschiffen im 14. Jahrhundert.

Neben so viel Kultur bietet die Tour in die wilde Kritsa-Schlucht ein eindrucksvolles Alternativpro-

Von Kritsa in die Kritsa-Schlucht 6

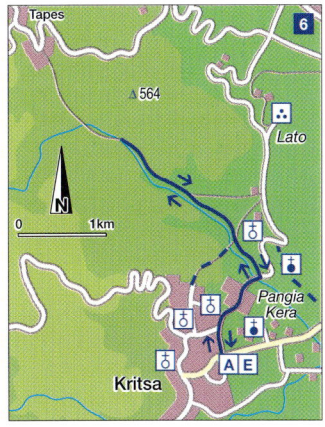

gramm. Schon vom **Ausgangspunkt** an der **Brücke** nordwestlich von Kritsa ist der Schluchteingang zu sehen. Unmittelbar hinter der Brücke biegen wir links auf einen Feldweg (blaue Aufschrift auf einem Felsen »Schlucht« und »Gorge«) und folgen ihm geradewegs aufwärts, bis er nach einigen Minuten nach rechts umbiegt. Hier beginnt der Wanderweg, der zwischen Steinmauern links zum Bachbett hinabführt (blaue Markierungen). Wir gehen nun im Bachbett rechts aufwärts, und schon nach kurzer Strecke rücken die senkrechten Schluchtwände nahe zusammen. Gleich zu Beginn der Schlucht erwartet uns der schwierigste Abschnitt der Wanderung. Es gilt, einige mächtige Felsblöcke zu überklettern. Anschließend hilft ein Gatter durch einen das Tal querenden Zaun.

Die von hohen Wänden überragte Schlucht ist jetzt einfach zu begehen. Bald scheint sich die Schlucht zu schließen und jeden Weiterweg zu versperren. Doch der Bach hat eine enge, gewundene Klamm in den anstehenden Fels gegraben, die uns den Weg durch die glattpolierten Felsen vorgibt. Wieder müssen wir die Hände zu Hilfe nehmen, ehe sich die Schlucht endgültig weitet.

Der beeindruckendste Teil der Wanderung liegt hinter uns. Wir wandern jetzt im harmlosen Talgrund aufwärts. Das Tal gabelt sich, und wir folgen dem rechten Hauptast. Die Seitenhänge legen sich nun deutlich zurück. Wir setzen unseren Weg im Bachbett mit einigen bizarr ausgewaschenen Felsen fort. Links sind die ersten Felder und Olivenhaine zu erkennen. Einen **hohen Zaun**, der durch das Bachbett quert, nehmen wir als Umkehrpunkt. Man kann zwar unter ihm hindurchkriechen bzw. findet etwa 100 Meter rechts oberhalb ein Tor, das den Weg hinauf zum Bergdorf Tapes öffnet. Doch wir ziehen es vor, durch die herrliche Kritsa-Schlucht zum Ausgangspunkt zurückzukehren.

Informationen zur Tour

 Ausgangsort
Kritsa liegt 10 km südwestlich von Agios Nikolaos.

Die mit herrlichen Fresken ausgemalte Panagia-Kera-Kirche bei Kritsa zählt zu den schönsten Sakralbauten Kretas.

 Anfahrt
Mit eigenem Fahrzeug: Von Agios Nikolaos auf guter Straße nach Kritsa. Am unteren Ortsrand von Kritsa rechts auf die zum Ausgrabungsgelände von Lato ausgeschilderte Teerstraße, die nach einem halben Kilometer über eine Brücke leitet. Parkmöglichkeit 200 Meter weiter am Sportplatz.
Bus: Mit dem häufig verkehrenden Bus von Agios Nikolaos nach Kritsa und entlang der nach Lato ausgeschilderten Straße in wenigen Minuten zur Brücke.
Taxi: In Agios Nikolaos und Kritsa.
Fahrzeugverleih: In Agios Nikolaos.

 Einkehrmöglichkeiten
In Kritsa mehrere Tavernen.

 Unterkünfte
In Kritsa Pensionen und Privatzimmer.

 Öffnungszeiten
Panagia Kera: Mo – Sa 9 – 15 Uhr, So 9 – 14 Uhr.

 Auskunft
Informationsbüro in Agios Nikolaos an der Brücke zwischen Hafen und Voulismeni-See, Tel. 08 41/2 23 57.

 Weitere Sehenswürdigkeiten
Die dorische Bergstadt Lato (siehe Tour 7).

7 Von Hamilo zur dorischen Bergstadt Lato

Tourenlänge
7 km

Durchschnittliche Gehzeit
2¼ Std.

Etappen
Hamilo – Lato 1¼ Std. – Hamilo (Kritsa) 1 Std.

Steigungen
200 m

Interessantes am Weg
Die dorische Bergstadt Lato.

Wegcharakter
Einfache Wanderung zur aussichtsreich gelegenen dorischen Bergstadt Lato. Das ganze Jahr über möglich.

Wegmarkierungen
Auf dem alten Maultierweg einige rote Markierungspunkte.

In Hamilo wandern wir auf der Teerstraße in westlicher Richtung aus dem Dorf und biegen ca. 100 Meter nach den letzten Häusern bei einem verrosteten Wegweiser in den ersten Feldweg, der links in die Olivenhaine leitet. Wir ignorieren alle abzweigenden Wege und folgen stets geradeaus dem Hauptweg. Nach ca. 20 Minuten steht rechts unseres Weges ein Haus, und wir erreichen 100 Meter nach dem Gebäude einen Querweg. Wir halten uns links und treffen kurz darauf auf die teils betonierte Fahrstraße, die von Flamouriana über den Sattel von Lato nach Kritsa führt. Wir folgen ihr ca. 50 Meter aufwärts und biegen dann vor einem Brunnenschacht nach links zu einem Haus ab.

Nach ca. 30 Metern biegen wir an einer Weggabelung rechts auf den schmalen Wanderweg ein. Er folgt einer Steinmauer, und schon bald tritt die Pflasterung des alten, nur zu Beginn etwas zugewachsenen Maultierweges deutlich zu Tage. Breit zieht er in vielen Kehren links einer Schlucht durch den Berghang aufwärts und eröffnet weite Blicke über Täler und Hügel. Zum Schluß läuft der Weg flach zu einer Teerstraße, die wir gegenüber eines Bildstockes erreichen. Auf ihr wandern wir links zum nahen Eingang des Ausgrabungsgeländes.

Nach kurzer Zeit bringt uns ein schmaler Weg zu den Ruinen der dorischen Stadt Lato, die hoch über den Tälern vor 2700 Jahren errichtet wurde. Den Höhepunkt ihrer Macht erreichte die

Ein breiter, gepflasterter Maultierweg führt aus dem Tal zur dorischen Bergstadt Lato hinauf.

nach einer dorischen Göttin benannte Stadt im 4. und 3. vorchristlichen Jahrhundert, als sie zu den reichsten auf Kreta zählte. Im Gegensatz zu den Minoern erbauten die Dorer ihre Städte in sicherer Lage weitab der Küsten und umgaben sie mit starken Mauern. Von hier konnten sie über ihre Hafenstadt Lato Kamara, an deren Stelle heute Agios Nikolaos liegt, weit auf das Meer hinaussehen und Feinde frühzeitig ausmachen.

Wir betreten Lato durch das Stadttor, das mit drei hintereinander liegenden Türen gesichert war. Ein Treppenweg leitet uns an ehemaligen Läden und Werkstätten vorbei in den Bergsattel. Vorbei an den Grundmauern einer Halle betreten wir die Agora, den alten Marktplatz und Mittelpunkt der Stadt, in dessen Zentrum eine große Zisterne liegt. Links der Zisterne führt eine Schautreppe zu den Ratsgebäuden hinauf, rechts liegt das zentrale Heiligtum und ein Versammlungsplatz. Am rechten (südlichen) Hang findet

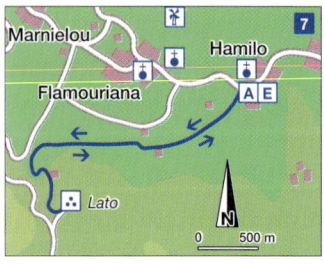

man die Grundmauern eines Tempels und eines Theaters. Nachdem wir die Stadt erkundet und die herrliche Aussicht in uns aufgenommen haben, kehren wir auf dem bekannten Weg nach Hamilo zurück. Wer ohne eigenes Fahrzeug unterwegs ist, kann auch entlang der Straße nach Kritsa (siehe Tour 6) wandern. Von dort fahren stündlich Busse nach Agios Nikolaos.

Informationen zur Tour

 Ausgangsort

Hamilo liegt fünf Kilometer westlich von Agios Nikolaos an der Straße nach Exo Lakonia.

 Anfahrt

Mit eigenem Fahrzeug: Am südlichen Ortsrand von Agios Nikolaos Richtung Kritsa und am ersten Abzweig rechts nach Hamilo.
Bus: Von Agios Nikolaos mehrmals Busse nach Exo Lakonia, die in Hamilo halten.
Taxi: In Agios Nikolaos und Kritsa.
Fahrzeugverleih: In Agios Nikolaos.

 **Einkehrmöglichkeiten**

Eine Taverne in Hamilo.

 Unterkünfte

Große Auswahl an Unterkünften aller Kategorien in Agios Nikolaos. Pensionen und Privatzimmer in Kritsa.

 Öffnungszeiten

Lato: Di–So 8.30–15 Uhr, Mo geschlossen. Meist steht das Tor durchgehend offen.

 Auskunft

Informationsbüro in Agios Nikolaos an der Brücke zwischen Hafen und Voulismeni-See, Tel. 08 41/2 23 57.

 Weitere Sehenswürdigkeiten

In Kritsa neben weiteren byzantinischen Gotteshäusern die berühmte Panagia-Kera-Kirche (siehe Tour 6).

Wie alle ihre Städte umgaben die Dorer auch Lato mit wehrhaften Mauern aus mächtigen Steinblöcken.

8 Von Elounda auf die Halbinsel Spinalonga

Tourenlänge
7 km

Durchschnittliche Gehzeit
2 ¼ Std.

Etappen
Windmühlen – Agios Ioannis 1 ¼ Std. – Windmühlen 1 Std. (Abstecher in die Bucht zusätzlich 15 Min.).

Steigungen
150 m

Interessantes am Weg
Einsame Landschaft und eine abgelegene Felsbucht.

Wegcharakter
Einfache Wanderung fast durchgehend auf alten Pflasterwegen. Das ganze Jahr über möglich, im Sommer sehr heiß. Gute Badegelegenheit in einer Felsbucht.

Wegmarkierungen
Wenige gelbe Markierungen.

In früheren Zeiten war die Halbinsel Spinalonga durch eine Landbrücke, deren Verlauf die heutige Dammstraße nachzeichnet, mit dem Festland verbunden. Auf ihr lag die in der Antike bedeutende Hafenstadt Olous, die schon von Homer erwähnt wurde. Die Stadt wurde später, als Ostkreta absank, vom Meer überflutet. Geht man von den Windmühlen rechts an der Küste der Halbinsel entlang, kann man im Wasser einige Grundmauern der alten Stadt sehen. Erhalten blieben nahe der Windmühlen die Grundmauern einer frühchristlichen Basilika, die ein herrliches Fußbodenmosaik umschließen. Es entstand im 5. Jahrhundert n. Chr. und begeistert mit einer Fülle verschiedener Ornamente und der lebhaften Darstellung von Fischen und Delphinen.

Von den Windmühlen wandern wir, vorbei an einer kleinen Feriensiedlung, auf einer groben Schotterstraße gegenüber von Elounda am Golf entlang. Nach einem Olivenhain führt unser Weg zwischen Steinmauern rechts über eine kleine Landzunge und trifft bald wieder auf die Küstenlinie, der wir noch ein kurzes Stück folgen.

Am Ende der kleinen Bucht beginnt der herrliche alte Pflasterweg, der über die Bergrücken der Halbinsel Spinalonga zieht. Wir steigen nach wenigen Metern an einem verfallenen Bauernhof vorbei und halten uns an der folgenden Weggabelung links. Der alte, breite Weg quert sanft aufwärts durch den Hang, von dem man unten im Meer die

Von Elounda auf die Halbinsel Spinalonga 8

Mauern versunkener Gebäude erkennen kann. Von einer Zisterne schlängelt sich der Weg nun steiler auf den Bergrücken hinauf.

Geradewegs wandern wir zwischen mächtigen Steinmauern sanft abwärts zu einem teils renovierten Gebäude. Wir gehen zwischen den Gebäuden zur Linken und einem Pferch auf der rechten Seite durch und treffen kurz nach der Zisterne auf die Fortsetzung des alten Weges, der uns bergab leitet. Am tiefsten Punkt müssen wir links des verwachsenen Weges gehen, ehe wir vor einem Anstieg wieder auf das Pflaster wechseln können. Rechts zweigt die hohe Steinmauer ab, an der entlang wir auf dem Rückweg einen Abstecher zu einer nahen Felsbucht mit herrlich klarem Wasser machen.

Wir steigen jedoch auf dem Weg geradeaus steil aufwärts. Die Mauern zu beiden Seiten rücken wieder näher zusammen, ehe der Weg kurz vor einer Ruine wieder zugewachsen ist. Wir weichen kurz nach rechts aus und gehen auf Höhe der Ruinen den Wegspuren folgend linkshaltend über eine Feldterrasse zur Fortsetzung des Weges. Teils rechts neben dem verstürzten und zugewachsenen Weg, teils auf ihm folgen wir immer geradewegs dem alten Pflasterweg, von dem wir einen herrlichen Blick auf die einsame Ostküste der Halbinsel genießen. Bei einem Gebäude, das rechts an die Steinmauer anschließt, wechseln wir auf die linke Seite des mauergesäumten Weges und wandern hinab zum einsamen Kirchlein Agios Ioannis, das bald vor uns auftaucht und in dessen Schatten wir eine wohlverdiente Rast genießen können.

Anschließend kehren wir auf demselben Weg, den wir gekommen sind, zurück. Nach dem

Nahe der versunkenen Stadt Olous markieren einige Windmühlen den Ausgangspunkt unserer Wanderung.

Informationen zur Tour

 Ausgangsort

Elounda liegt 10 Kilometer nördlich von Agios Nikolaos an einer engen Meeresbucht.

Anfahrt

Mit eigenem Fahrzeug: Von Agios Nikolaos an der Küste entlang nach Elounda. Hier den Wegweisern zur versunkenen Stadt und zum byzantinischen Mosaik nach rechts folgen und auf einer Dammstraße zu den Windmühlen am Beginn der Halbinsel Spinalonga.
Bus: Ausgezeichnete Busverbindung zwischen Agios Nikolaos und Elounda. Von Elounda zu Fuß auf der Dammstraße zur Halbinsel Spinalonga.
Taxi: In Elounda.
Fahrzeugverleih: In Elounda.

 Einkehrmöglichkeiten

Eine Taverne am Ausgangspunkt nahe den Windmühlen. Große Auswahl in Elounda.

 Unterkünfte

Große Auswahl an Hotels und Privatzimmern in Elounda.

 Weitere Sehenswürdigkeiten

Die Festungs- und Leprainsel Spinalonga (Ausflugsboote ab Elounda und Plaka; siehe Tour 9).

steilen Abstieg von den Ruinen können wir den schon erwähnten kurzen Abstecher zu einer einsamen Felsbucht machen. Eine Lücke läßt uns links durch die Mauer schlüpfen. Wir folgen links einer hohen Mauer den deutlichen Wegspuren abwärts, die uns nach wenigen Minuten direkt in die Bucht bringen.
Der Einstieg in das herrlich klare Wasser über die abfallenden Felsplatten ist nicht allzu schwierig. Nach der einsamen Badepause wandern wir auf dem bekannten Weg zurück zum Ausgangspunkt an den Windmühlen.

9 Zum Kap Agios Ioannis

 Tourenlänge
12 km

 Durchschnittliche Gehzeit
4 Std.

 **Etappen**
Plaka – Windmühlen 45 Min. – Agios Ioannis 1½ Std. – Windmühlen 1¼ Std. – Plaka 30 Min.

 Steigungen
300 m

Interessantes am Weg
Die tief unterhalb liegende Festungs- und Leprainsel Spinalonga und einige Windmühlen am Ausgangspunkt.

 Wegcharakter
Bis auf kurze, verwachsene Abschnitte einfache Wanderung mit herrlichen Ausblicken. Das ganze Jahr über möglich, im Sommer sehr heiß. Mit eigenem Fahrzeug kann man sich den anstrengenden Aufstieg von Plaka zu den Windmühlen ersparen.

 Wegmarkierungen
Keine.

Spinalonga, der lange Dorn, heißt bezeichnenderweise die langgestreckte Halbinsel, die die Bucht von Elounda vom offenen Meer trennt. Den schmalen Eingang in die Bucht bewacht ein kleines, felsiges Eiland, das ebenfalls den Namen Spinalonga trägt. Die hervorragende strategische Lage der Insel nutzten 1579 die venezianischen Landesherren, die auf ihr eine Festung errichteten. Als die Türken 1669 Kreta in ihren Besitz brachten, widersetzte sich Spinalonga erfolgreich allen Eroberungsversuchen. Es blieb wichtiger Stützpunkt der venezianischen Handelsflotte und Zuflucht für Christen. Erst 1715 wurde die Insel vertraglich den Türken übergeben.

Traurige Berühmtheit erlangte Spinalonga im Jahre 1903, als es zur Leprastation ausgebaut wurde. In ganz Kreta wurden ca. 400 Kranke, die meist ausgestoßen von der Gesellschaft in erbärmlichen Verhältnissen gelebt hatten, aufgegriffen und auf die Insel gebracht. Sie bauten die von den Venezianern und Türken zurückgelassenen Häuser aus und errichteten ein funktionierendes Gemeinwesen mit Handwerksbetrieben, Kirchen und kulturellen Veranstaltungen. Erst 1957 wurde die Leprastation aufgelöst und die letzten Überlebenden in ein Krankenhaus nach Athen gebracht.

Zu sehen sind auf der Insel neben den Bollwerken der Venezianer noch Einrichtungen, Gebäude und das Beinhaus der Leprastation, die von Plaka aus versorgt wurde.

Wir wollen von Plaka zum Kap Agios Ioannis wandern und von oben auf die herrliche Bucht mit der geschichtsträchtigen Insel hinabschauen. Wir verlassen Plaka auf der Hauptstraße Richtung Norden. Am Ortsrand biegen wir am Ende der Linkskurve scharf rechts in eine Schotterstraße. An der Gabelung folgen wir dem linken Weg, der in gleichbleibender Richtung durch den Hang ansteigt. Auf ihm erreichen wir nach anstrengendem Aufstieg die Teerstraße, der wir rechts bis zu einer Kehre folgen. Hier auf grobem Weg steil bis zu einer Zisterne an der Straße hoch. Gegenüber in einen alten Pflasterweg und durch Olivenhaine, bis wir kurz vor einigen alten Windmühlen wieder auf die Straße stoßen. Auf ihr gehen wir wenige Meter rechts hinab und biegen dann links auf einen Betonweg ein (blaue Markierung). Wer ein eigenes Fahrzeug besitzt, der beginnt am besten hier am Abzweig kurz vor den Windmühlen die Wanderung und erspart sich so den Aufstieg von Plaka.

Gleich anfangs öffnet sich von der Straße ein herrlicher Blick über die Bucht von Elounda und die Insel Spinalonga bis hin zu den Tripti-Bergen. Wir folgen der Betonpiste, die am Rand der aussichtsreichen Hochebene entlangführt bis zu einer grauen Kapelle zur Linken. Wir folgen noch ca. 250 Meter der Betonstraße. Wenige Meter, bevor sie nach links in das Landesinnere schwenkt, biegen wir rechts auf ein unscheinbar zwischen Steinmauern laufendes Weglein ein (großer Steinmann).

Teils abwärts, teils auf gleichbleibender Höhe quert der stellenweise etwas zugewachsene Steig den steil zum Meer abfallenden Hang. Auf breiten Felsbändern queren wir ein Tal und folgen kurz darauf an einer Weggabelung dem links aufwärts laufenden Weg. Kurz darauf sehen wir zur roten Sandstraße hinab, die es zu erreichen gilt. Zum Ende hin ist der Weg etwas zugewachsen. Mehrere Wegspuren führen zur nahen Straße, auf der wir links hinauf gehen.

Zum Kap Agios Ioannis 9

Tief unter uns bewacht die geschichtsträchtige Insel Spinalonga den Eingang in die Bucht von Elounda.

An einer Weggabelung folgen wir dem Hauptweg aufwärts und umrunden bald darauf in einer weiten Kurve eine Schlucht. Wir erreichen eine Wegkreuzung, von der unser Rückweg später links hinauf führen wird. Zuvor wandern wir jedoch noch rechts zur schon sichtbaren, auf der einsamen Landzunge gelegenen Kapelle Agios Ioannis hinüber. Am Rückweg gehen wir an der Kreuzung geradewegs bergan auf die Sendeanlage zu. An der nächsten Kreuzung auf dem Hauptweg nach links und nach kurzer Strecke rechts aufwärts. Jetzt stets gerade durch die Olivenhaine, bis wir nahe unseres Hinweges wieder auf die Betonpiste treffen. Wir gehen auf ihr kurz nach links und wechseln an der folgenden Linkskurve geradewegs auf einen breiten, grobschottrigen Weg, der über eine felsige Hügelkuppe zieht. Bald erreichen wir die graue Kapelle, die wir schon vom Hinweg kennen. Wer noch einmal den Blick zum Meer hinab genießen möchte, der geht links zur nahen Betonpiste, auf der er zum Ausgangspunkt zurückkehren kann. Wir wandern jedoch an der Kapelle rechts auf dem nur anfangs breiten Weg weiter, der in einen alten, teils gepflasterten Maultierweg übergeht. Wir folgen dem breiten Hauptweg, der uns zwischen Steinmauern durch die Olivenhaine führt. Wo der Plattenweg nach rechts in eine Schlucht einbiegt und in eine Schotterpiste übergeht, finden wir links eine schmale Wegspur. Auf ihr wenige Meter

aufwärts zu einer Steinmauer und dann linkshaltend den Hang queren. Bald rechts an einer Steinmauer vorbei und geradewegs zwischen einem Zaun und einer Steinmauer entlang. Durch eine Lücke in einer Steinmauer betreten wir einen Acker. Entlang der Mauer gehen wir zur rechten, oberen Ecke des Ackers hinauf und klettern dort über die niedrige Steinmauer. Wir finden eine Wegspur, die uns zur nahen Kapelle leitet.
Zwischen den Windmühlen und der Kapelle treffen wir auf eine Schotterstraße, die uns links zur Teerstraße führt. Wenige Meter links finden diejenigen, die mit einem Fahrzeug von Plaka heraufgefahren sind, den Ausgangspunkt. Wer die Tour in Plaka begonnen hat, der geht jenseits der Straße auf dem linken Plattenweg abwärts. Über den morgendlichen Aufstiegsweg wandern wir in einer halben Stunde nach Plaka zurück.

Informationen zur Tour

 Ausgangsort
Plaka oder die Windmühlen am Paß drei Kilometer nördlich von Plaka.

Anfahrt
Mit eigenem Fahrzeug: Von Agios Nikolaos auf guter Straße über Elounda nach Plaka. Geradewegs durch den Ort und auf der Teerstraße hinauf bis zu den Windmühlen am Paß.
Bus: Ausgezeichnete Busverbindungen von Agios Nikolaos nach Elounda. Von Elounda mehrmals täglich Busse nach Plaka.
Taxi: In Elounda.
Fahrzeugverleih: In Elounda.

 Einkehrmöglichkeiten
Tavernen in Plaka.

 Unterkünfte
Preiswerte Pensionen und Privatzimmer in Plaka.
Eine große Auswahl an Unterkünften aller Kategorien in Elounda.

Weitere Sehenswürdigkeiten
Die Festungs- und Leprainsel Spinalonga (Ausflugsboote ab Plaka und Elounda).

Karg und menschenleer ist die Landschaft rund um die Kapelle Agios Ioannis am gleichnamigen Kap.

10 Durch die Lassithi-Ebene

 Tourenlänge
13 km

 Durchschnittliche Gehzeit
3 ¼ Std.

 Etappen
Dzermiado – Psihro 1½ Std. (Abstecher zur Diktäischen Grotte zusätzlich 1 Std.) – Agios Georgios 45 Min. – Dzermiado 1 Std.

 Steigungen
Keine

 Interessantes am Weg
Die Windmühlen der Lassithi-Ebene, die Diktäische Grotte oberhalb Psihro und das Volkskundemuseum in Agios Giorgios.

 Wegcharakter
Einfache Wanderung auf durchwegs breiten Feldwegen. Vom Frühjahr bis in den Herbst am besten zu begehen.

 Wegmarkierungen
Keine.

Nördlich des über 2000 Meter aufragenden Dikti-Massives liegt in einer riesigen Karstsenke auf einer Höhe von ca. 800 Metern die fast kreisrunde Lassithi-Ebene. Fruchtbarer Boden hat sich hier angesammelt, der jedes Frühjahr meterhoch von den Schmelzwassern der Berge überschwemmt wird. Schon vor 5000 Jahren siedelten und wirtschafteten hier Menschen der späten Steinzeit, und auch die Minoer haben ihre Spuren hinterlassen. Die umliegenden Höhlen wurden von Wohnstätten zu Kult- und Beerdigungsplätzen.

Als die Dorer die Insel in Besitz nahmen, zogen sich Eteokreter hierher zurück. 1263 stürmten die Venezianer die Ebene und vertrieben alle Bewohner. 1368 erließen sie sogar ein absolutes Bewirtschaftungsverbot, um dem Widerstand jeden Rückhalt zu entziehen. Erst 1463 wurde das Verbot wieder aufgehoben, da man auf das fruchtbarste Anbaugebiet Kretas nicht verzichten konnte. In der Folge entstand das schachbrettartige Kanal- und Wegesystem, das bis heute erhalten blieb.

Im 18. und 19. Jahrhundert wurde die Lassithi-Ebene zum Widerstandszentrum gegen die türkische Herrschaft. Nach erfolgreichen Abwehrkämpfen der Kreter eroberte 1867 eine 40 000 Mann starke türkische Armee die Ebene, metzelte die meisten Bewohner nieder und verwüstete sämtliche Dörfer und Klöster.

Bis heute sind auf der ertragreichen Lassithi-Ebene Esel und Maultiere wichtige Transportmittel.

Heute ist es wieder friedlich, und die kleine tägliche Invasion der Touristen, die für einen kurzen Ausflug von der Küste heraufkommen, ist gerne gesehen. Noch drehen sich einige der mit weißem Segeltuch bespannten Windmühlen, doch meist wird heute das Wasser von Dieselmotoren aus dem verkarsteten Untergrund auf die Felder gepumpt. Arm sind die Bauern, die meist nur kleine Parzellen besitzen, bis heute, und so ist der Esel noch immer das wichtigste Beförderungsmittel in dieser Region.

Wir beginnen unsere Tour in Dzermiado, dem größten der 21 Dörfer, die allesamt am Rande der Ebene liegen. Im Ortszentrum gehen wir rechts am Restaurant Kronio vorbei und stoßen bald auf eine Vorfahrtsstraße. Auf ihr kurz nach rechts und dann links in ein Sträßchen, das uns aus dem Ort führt. Der Teerbelag setzt aus und wir erreichen eine Wegkreuzung mit einer Zisterne in der Mitte. Hier kurz nach rechts und gleich wieder links auf eine Schotterstraße, die nach einiger Zeit an einem Graben entlang läuft.

Durch die Lassithi-Ebene 10

Bald hilft uns ein Brückchen links über den Graben, und nach 50 Metern halten wir uns an der Weggabelung rechts. Der Fahrweg schlängelt sich durch die Ebene, biegt nach rechts und leitet uns zu einer großen Wegkreuzung inmitten der Äcker. Wir biegen links ein und wandern schnurgerade auf das Dikti-Massiv zu. Rechts ist die Kapelle zu erkennen, die im Zentrum der weiten Ebene steht. Nach der Kapelle ist unser Weg zwischen zwei kurz aufeinander folgenden Kreuzungen, an denen wir geradeaus gehen, geteert. Anschließend auf einer Schotterstraße bis zu einer Wegkreuzung vor einem Brückchen und rechts auf dem Weg am Graben entlang. Ein erster Fahrweg zur Linken bleibt unbeachtet. Erst am Ende des Grabens biegen wir links ab. Auf dem nächsten Querweg nach rechts und nach einem Brückchen nahe zweier Windmühlen in den zweiten Fahrweg zur Linken. Nun geradewegs bis zu einem Denkmal am östlichen Ortsrand von Psihro, an dem wir auf eine Teerstraße stoßen.
Wer zur Diktäischen Grotte will, der geht rechts in den Ort und steigt zum busbelagerten Parkplatz unterhalb der Höhe hinauf. Von dort führt ein Weg in ca. 20 Minuten zum dunklen Schlund, in dem Zeus geboren worden sein soll. Der Sage nach wurde Kronos, dem Göttervater, von seinen Eltern prophezeit, daß er dereinst von einem seiner Kinder entthront werden würde. So verschlang Kronos alle Kinder, die im seine Gattin Rhea gebar. Vor der Geburt von Zeus verbarg sich Rhea in der Diktäischen Grotte und versteckte das Kind hier. Der erwachsene Zeus besiegte dann seinen Vater, befreite seine Geschwister und übernahm die Weltherrschaft. Soweit die Sage.
Tatsache ist, daß die Diktäische Grotte zu den wichtigsten Heiligtümern der Minoer zählte.

Die fruchtbare, von mächtigen Gebirgen eingerahmte Lassithi-Ebene ist berühmt für ihre Windmühlen.

Diese Tradition wurde von den Griechen übernommen, die sich eine ursprünglich hier verehrte minoische Fruchtbarkeitsgöttin und deren Sohn für die Sage zum Vorbild nahmen.

Ab 1900 wurde die Diktäische Grotte intensiv von Archäologen erforscht. In der Oberhöhle, die schon teilweise geplündert war, stießen sie auf die Reste eines Altarplatzes. Vor allem in der Unterhöhle mit ihren herrlichen Tropfsteinen fanden sie eine Fülle von Votivgaben. Sie stammen vor allem aus minoischer Zeit und sind heute im Archäologischen Museum in Iraklion ausgestellt.

Wer sich keinem Führer anschließen will, der sollte eine Taschenlampe zur Höhle mitnehmen.

Der Weiterweg nach Agios Georgios führt uns vom Denkmal nach links, bzw. auf dem Rückweg von der Grotte geradewegs am Denkmal vorbei (teilweise E4-Schilder). Wir gehen auf der Schotterstraße immer geradeaus durch die Weinfelder bis zum Ortsrand von Agios Georgios. Wir wechseln geradewegs auf eine Teerstraße, die uns zur Hauptstraße im Ortszentrum führt. Auf ihr 100 Meter geradeaus und dann links bis zur großen Kirche von Agios Georgios (rechts ist ein Abstecher zum sehr interessanten Volkskundemuseum empfehlenswert, das einen Eindruck vom Dorfleben im 19. Jahrhundert vermittelt). Wir gehen rechts um die Kirche herum und folgen dem Weg hinab in die Ebene.

Hier wechseln wir geradeaus auf einen Feldweg, der links am Steinbruch vorbeiführt. 50 Meter nach der Zufahrt zum Steinbruch biegen wir an einer Weggabelung rechts ab und wandern an einer Kapelle vorbei. An der nächsten Kreuzung folgen wir dem Hauptweg nach rechts und marschieren immer geradeaus unter Walnußbäumen bis in das Ortszentrum von Dzermiado.

Informationen zur Tour

Ausgangsort
Dzermiado, der Hauptort der Ebene, liegt am Nordrand der Lassithi-Ebene.

Anfahrt
Mit eigenem Fahrzeug: Von Westen und Osten führen gut ausgebaute Straßen von der Küste durch das Bergland zur Lassithi-Ebene und nach Dzermiado.
Bus: Zweimal täglich Busse von Iraklion über Dzermiado und Psihro

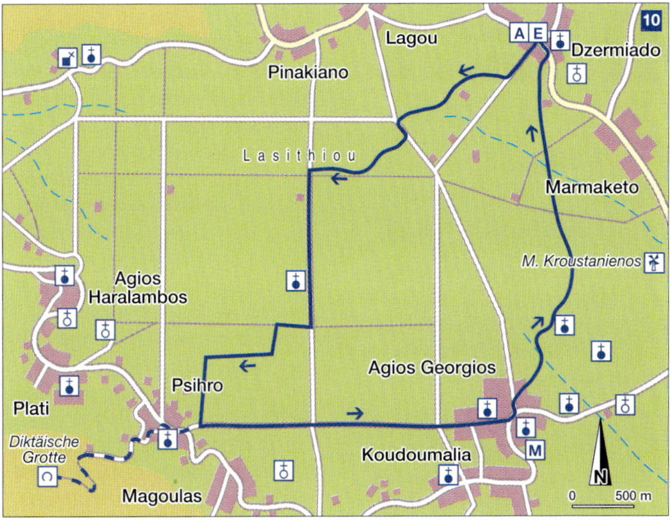

Durch die Lassithi-Ebene 10

(So nur einmal); zweimal täglich von Agios Nikolaos über Dzermiado nach Psihro (Sa und So nur einmal) und einmal täglich von Malia über Dzermiado und Psihro.

Einkehrmöglichkeiten
Tavernen in Dzermiado, Psihro und Agios Georgios.

Unterkünfte
In Dzermiado: Hotel Lassithi und Pension Kourites, Tel. 08 44/2 21 94; Pension Kri-Kri, Tel. 08 44/2 21 70. Weitere Privatzimmer und Pensionen an der Straße rund um die Lassithi-Ebene in Agios Konstandinos, Agios Georgios, Magoulas und Psihro.

Öffnungszeiten
Diktäische Grotte: täglich 10.30 – 17 Uhr.

Weitere Sehenswürdigkeiten
Bei Anfahrt von Westen: Nahe dem Dorf Kera die Klosterkirche Panagia Kera mit herrlichen Fresken aus dem 14. Jh. und wundertätiger Ikone (Wallfahrt am 8. September); alte Windmühlen am Paß von Ambelou; oberhalb von Dzermiado (½ Std. ausgeschilderter Fußmarsch) die Höhle von Trapeza mit Funden von der Jungsteinzeit bis in byzantinische Zeit.

11 Von Dzermiado auf den Karfi

 Tourenlänge
8 km

 Durchschnittliche Gehzeit
3 Std.

 Etappen
Dzermiado – Windmühlen 1 Std. – Karfi 1 Std. – Dzermiado 1 Std.

 Steigungen
340 m

 Interessantes am Weg
Die alten Windmühlen am Paß über Kera und die eteokretische Bergsiedlung auf dem Karfi.

 Wegcharakter
Bis zu den Windmühlen unschwierige Wanderung auf altem Weg, im Anstieg zum Karfi teils weglose Bergtour. Beste Wanderzeit im Frühjahr und Herbst.

 Wegmarkierungen
Teils rote Markierungen.

Wir verlassen Dzermiado auf der nach Iraklion ausgeschilderten Hauptstraße. An der ersten Linkskurve nach dem Ortsende biegen wir rechts in einen Feldweg ein, auf dem wir geradeaus bis zu einer Gabelung vor einem Stallgebäude wandern. Wir halten uns rechts. Nach einem Tor beginnt oberhalb des Stalls die Pflasterung des breiten, alten Weges. Er steigt in Kehren in die bewaldeten Hügel hinauf und bietet bald herrliche Ausblicke über die Lassithi-Ebene zum Dikti-Massiv.
Wir folgen nun immer dem breiten, teils stark überwachsenen Weg, der an den Mauern zu beiden Seiten und der meist deutlichen Pflasterung gut zu erkennen ist. Von einer orange-schwarz gestreiften Stange mit der Wegbezeichnung 02 zieht der jetzt teils rot markierte Weg rechts hinauf. Bald liegen vor uns in einem Sattel die Ruinen der alten, während der venezianischen Herrschaft errichteten Windmühlen, die in früherer Zeit die starken Winde am Westrand des Lassithi-Ebene ausnutzten. Auf dem alten Weg, den wir gekommen sind, wurde das Getreide der fruchtbaren Ebene hierher gebracht. Der Weg führt uns durch ein Gatter, und kurz darauf erreichen wir die Windmühlen am Bergkamm.
Wir gehen rechts zu den Ruinen der höchstgelegenen Windmühlen hinauf, an denen wir rote Farbmarkierungen finden. Hier beginnt der Gipfelanstieg zum Karfi, dessen felsiges Haupt links vor uns aufragt. Oberhalb der letzten Windmühle hilft uns ein Gattertürchen durch einen Zaun. Die teils markierte Pfad-

Von Dzermiado auf den Karfi 11

spur leitet uns am Bergrücken steil zu einer kleinen Ebene mit Steinmauern hinauf. Der letzte Teil des Anstieges führt uns über Ziegenpfade durch leicht zu begehendes Gelände aufwärts. Wir halten uns knapp links des felsdurchsetzten Grates, der von der Ebene zum breiten Gipfel über uns hinaufzieht. Weiter oben können wir bei einigen Steinmauern rechts auf den Kamm steigen und über ihn zum nahen Gipfel aufsteigen, der herrliche Ausblicke über Berge und Ebenen bis zum Meer öffnet.

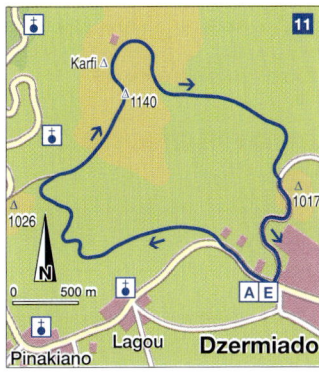

Wir wandern nun über den flachen, breiten Bergkamm in die Scharte zwischen den beiden Felsgipfeln des Karfi hinüber. Vor allem die Westspitze verdient den Namen *Karfi*, der übersetzt der »Nagel« bedeutet. Im Sattel ist der Boden neben den Mauern der eteokretischen Bergsiedlung mit antiken Scherben übersät. In minoischer Zeit befand sich hier ein Gipfelheiligtum. Als ca. 1000 v. Chr. die Dorer sich der Insel Kreta bemächtigten, zogen sich die Nachkommen der Minoer in die unzugängliche Bergwelt Ostkretas zurück. Von den Griechen wurden sie Eteokreter genannt, die echten Kreter. 1937–39 wurden die nahezu 150 Räume der Bergsiedlung auf dem Karfi ausgegraben. Dabei fand man Kunstwerke, die in vereinfachter Form die Tradition der Minoer fortsetzten.

Vom Sattel steigen wir rechts an einigen markanten Felszacken vorbei auf und queren dann den Hang des östlichen der beiden Karfigipfel ca. 50 Meter nach links zu einer Ruine. Rechts unterhalb sehen wir jetzt im felsigen Gelände eine Bergwiese, zu der wir kurz durch wegloses Gelände absteigen. An ihrer rechten Ecke beginnt bei einem Steinmann ein deutlicher, rot markierter Pfad, der durch die Berghänge zur Nissimos-Ebene, der kleineren Schwester der Lassithi-Ebene, hinabführt. Hier beginnt nahe einer Kapelle ein Feldweg, der uns geradewegs über die Ebene führt. Am östlichen Rand der Ebene halten wir uns an der Wegkreuzung rechts und folgen immer geradewegs dem Schottersträßchen, auf dem wir bis zum Ortsrand von Dzermiado zurückwandern.

Informationen zur Tour

 Ausgangsort

Dzermiado, der Hauptort der Ebene, liegt am Nordrand der Lassithi-Ebene.

 Anfahrt

Mit eigenem Fahrzeug: Von Westen und Osten führen gut ausgebaute Straßen von der Küste durch das Bergland zur Lassithi-Ebene und nach Dzermiado.
Bus: Zweimal täglich Busse von Iraklion über Dzermiado und Psihro (So nur einmal); zweimal täglich von Agios Nikolaos über Dzermiado nach Psihro (Sa und So nur einmal) und einmal täglich von Malia über Dzermiado und Psihro.

 Einkehrmöglichkeiten

Tavernen in Dzermiado, unterwegs keine.

 Unterkünfte

In Dzermiado: Hotel Lassithi und Pension Kourites, Tel. 08 44/2 21 94; Pension Kri-Kri, Tel. 08 44/2 21 70. Weitere Privatzimmer und Pensionen an der Straße rund um die Lassithi-Ebene in Agios Konstandinos, Agios Georgios, Magoulas und Psihro.

 Weitere Sehenswürdigkeiten

Bei Anfahrt von Westen: Nahe dem Dorf Kera die Klosterkirche Panagia Kera mit herrlichen Fresken aus dem 14. Jh. und wundertätiger Ikone (Wallfahrt am 8. September); alte Windmühlen am Paß von Ambelou. Oberhalb von Dzermiado (1/2 Std. ausgeschilderter Fußmarsch) die Höhle von Trapeza mit Funden von der Jungsteinzeit bis in byzantinische Zeit; die Diktäische Grotte bei Psihro (siehe Tour 10); das Volkskundemuseum in Agios Georgios (siehe Tour 10).

Auf einem gepflasterten Weg wurde einst das Getreide der Lassithi-Ebene zu den Windmühlen transportiert.

12 Von Dzermiado auf den Selena

Tourenlänge
12 km

Durchschnittliche Gehzeit
5 Std.

Etappen
Dzermiado – Selena 3 Std. – Dzermiado 2 Std.

Steigungen
800 m

Interessantes am Weg
Die Kapelle Agios Timios Stavros mit herrlichem Blick über die Lassithi-Ebene.

Wegcharakter
Bergtour, die etwas Ausdauer und Orientierungssinn verlangt. Vom späten Frühjahr bis zum Herbst möglich, im Sommer sehr heiß.

Wegmarkierungen
Fast durchgehend rot und orange markiert.

Im Süden begrenzt das mächtige Dikti-Massiv die Lassithi-Ebene. Die Hauptgipfel übertreffen die 2000-Meter-Grenze und sind allesamt nur auf langen und sehr anstrengenden Wegen zu besteigen. Eine leichtere Alternative bietet der Selena, der im Norden die Ebene beherrscht. Mit 1599 Metern Höhe überragt er all seine Nachbargipfel deutlich und bietet daher eine uneingeschränkte Rundumsicht.
Die Wanderung beginnt in Dzermiado, dem Hauptort der Lassithi-Ebene. Im Ortszentrum folgen wir an der Kreuzung vor dem Restaurant Kronio der nach Iraklion ausgeschilderten Hauptstraße. Sie knickt nach wenigen Metern an der nächsten Kreuzung nach links. Einige Schritte weiter biegen wir rechts in eine Seitengasse. Wir folgen nach wenigen Metern an der Gabelung rechts der Teerstraße, bis wir gegenüber einer kleinen Kirche links in ein betoniertes Sträßchen abzweigen. Nach kurzer Strecke halten wir uns rechts und wandern zu einer breiten Teerstraße am Ortsrand von Dzermiado hinauf. Geradewegs über die Straße auf einen Schotterweg und auf ihm ca. 50 Meter aufwärts, bis er nach rechts umbiegt. Hier finden wir links einen rot markierten Steig. Wir überqueren kurz darauf einen Schotterweg und folgen dem steinigen Pfad durch die Talmulde geradewegs bergauf. Nach einem Gatter erreichen wir bald zwischen zwei hohen Zäunen den Rand einer Hochfläche. Wir wandern nun

Wie hier in Dzermiado werden in den Dörfern am Rand der Lassithi-Ebene Web- und Häkelarbeiten verkauft.

links durch ein Tor bis zur **Kapelle Agios Timios Stavros**, von der man eine herrliche Aussicht auf die Lassithi-Ebene und zum Selena hat.
Wir folgen jetzt ca. 100 Meter der Schotterstraße, die an der Kapelle endet, nach rechts und zweigen wenige Meter nach einem Gatter rechts auf eine Wegspur ab (roter Punkt). Wir wandern an einer Steinmauer und dann an einem hohen Zaun entlang. An der Stelle, an der der Zaun nach rechts abknickt, behalten wir stets die Richtung bei und folgen dem schmalen Pfad (bis hierher rote Markierungen, die nun kurzzeitig aussetzen; Vorsicht bei der Wegsuche!). Nach ca. 150 Metern passieren wir eine Mulde mit kleinen, steinmauergestützten Terrassen. Die Wegspur läuft leicht ansteigend an der linken Seite eines niedrigen Rückens entlang. Nach weiteren ca. 150 Metern befindet sich rechts von uns ein Sattel, in dem ein **einzelnes Bäumchen** steht. Wir verlassen hier den deutlicher ausgeprägten Pfad, der geradeaus läuft. Schräg rechts vor uns ist oben am Hügelkamm ein kleines Tälchen auszumachen, in dem Bäume wachsen und auf das wir zu-

Von Dzermiado auf den Selena 12

steuern. Wir folgen den roten Trittspuren, die über verkarsteten grauen Fels aufwärts laufen und höher oben wieder deutlicher werden. Am rechten Rand des erwähnten Tälchens finden wir dann wieder Markierungspunkte, die uns den Weiterweg weisen.

Wir folgen dem deutlichen markierten Steig auf der rechten Seite des zerfressenen Karsttales. Dann wandern wir durch das Tal abwärts, bis es breit und flach wird. Hier führt der Weg anfangs flach und später leicht ansteigend durch den rechten Hang. Kurz nach einer Felsplatte biegt er rechts hinauf und leitet uns durch eine Talmulde steil bis kurz vor den Bergkamm hinauf. Hier stoßen wir auf einen Querweg (diese Stelle für den Abstieg gut einprägen!) und wandern auf ihm links an den Grundmauern einer verfallenen Hütte vorbei über Wiesen bis in den breiten Sattel, an dem der Südostkamm des Selena ansetzt. Dem Fahrweg folgend wenige Meter über den Sattel in Richtung einer Kapelle und dann links auf den Steig (durchgehend rot, orange und mit Steinmännern markiert), der immer auf oder knapp links des verkarsteten Bergkammes in Serpentinen zum Gipfel des Selena führt.

Ehe wir auf demselbem Weg wieder nach Dzermiado zurückkehren, genießen wir am großen Gipfelsteinmann die grandiose Rundumschau, die sich uns vom höchsten Bergmassiv nördlich der Lassithi-Ebene auf Land und Meer bietet.

Informationen zur Tour

 Ausgangsort
Dzermiado, der Hauptort der Ebene, liegt am Nordrand der Lassithi-Ebene.

 Anfahrt
Mit eigenem Fahrzeug: Von Westen und Osten führen gut ausgebaute Straßen von der Küste durch das Bergland zur Lassithi-Ebene und nach Dzermiado.
Bus: Zweimal täglich Busse von Iraklion über Dzermiado und Psihro

(So nur einmal); zweimal täglich von Agios Nikolaos über Dzermiado nach Psihro (Sa und So nur einmal) und einmal täglich von Malia über Dzermiado und Psihro.

Einkehrmöglichkeiten

Tavernen in Dzermiado.

Unterkünfte

In Dzermiado: Hotel Lassithi und Pension Kourites, Tel. 08 44/2 21 94; Pension Kri-Kri, Tel. 08 44/2 21 70. Weitere Privatzimmer und Pensionen an der Straße rund um die Lassithi-Ebene in Agios Konstandinos, Agios Georgios, Magoulas und Psihro.

 Weitere Sehenswürdigkeiten

Bei Anfahrt von Westen: Nahe dem Dorf Kera die Klosterkirche Panagia Kera mit herrlichen Fresken aus dem 14. Jh. und wundertätiger Ikone (Wallfahrt am 8. September); alte Windmühlen am Paß von Ambelou; oberhalb von Dzermiado (1/2 Std. ausgeschilderter Fußmarsch) die Höhle von Trapeza mit Funden von der Jungsteinzeit bis in byzantinische Zeit; die Diktäische Grotte bei Psihro (siehe Tour 10); das Volkskundemuseum in Agios Georgios (siehe Tour 10).

Die beherrschende Berggestalt am Südrand der Lassithi-Ebene ist der breitschultrige Selena.

13 Von Arhanes auf den Jouhtas

Wanderungen in Zentral-Kreta

Tourenlänge
4 km

Durchschnittliche Gehzeit
2 Std.

Etappen
Arhanes – Jouhtas 1¼ Std. – Arhanes 45 Min.

Steigungen
420 m

Interessantes am Weg
Die Gipfelkapelle auf dem Jouhtas.

Wegcharakter
Eine einfache Wanderung zur Gipfelkapelle auf dem herrlichen Aussichtsberg. Das ganze Jahr über möglich, im Sommer sehr heiß.

Wegmarkierungen
Teils rot markiert.

Das Städtchen Arhanes, inmitten von Weinbergen gelegen, ist heute eines der Zentren des kretischen Weinanbaus. Schon seit frühester Zeit ist diese fruchtbare Landschaft besiedelt, und so finden sich rund um Arhanes bedeutende Ausgrabungen. Mitten in der Stadt wurden Teile eines minoischen Palastes ausgegraben, der wohl von einer großen Siedlung umgeben war. Dafür spricht die Anzahl der Gräber, die man am Nordrand von Arhanes in der Nekropole Furni fand. Von der minoischen Vorpalastzeit (ca. 2500 v. Chr.) bis in die mykenische Epoche (ca. 1100 v. Chr.) wurden hier Menschen bestattet. Vor allem dank eines reichen, ungeplünderten mykenischen Kuppelgrabes wird das Gelände zu den bedeutendsten bronzezeitlichen Begräbnisstätten im Mittelmeerraum gerechnet.

Einem Krimi gleicht die Ausgrabung des minoischen Tempels von Anemospilia am Nordhang des Jouhtas. Den Archäologen bot sich 1979 die Momentaufnahme eines Menschenopfers, das vor ca. 3700 Jahren hier stattfand. In akribischer Kleinarbeit konnten sie das Geschehene rekonstruieren. Wenige Augenblicke, nachdem ein Priester einen gefesselten Mann getötet hatte, stürzte während eines schweren Erdbebens der Tempel ein und begrub alle Beteiligten unter sich. Ob sich das Erdbeben schon angekündigt hatte und der Priester in dieser Notsituation nur ausnahmsweise einen Menschen opferte, oder ob derartige Rituale generell in der minoischen Kultur stattfanden, ist bis heute nicht geklärt. Im kleinen Museum von Arhanes sind einige Ausgrabungsfunde und eine Dokumentation des Menschenopfers zu sehen (Beschilderung am Ausgangspunkt zur Jouhtasbesteigung).

Unsere Wanderung führt uns von Arhanes auf den Jouhtas, der bei den Minoern große mythische Bedeutung hatte. Wir gehen auf der Straße *Odos Nikolao Myr. Pachaki* zwischen den Häusern aufwärts, bis sie vor einem großen Gebäude auf eine Querstraße trifft. Auf ihr wenige Meter nach rechts (rote Markierung) und dann links einbiegen. Rechts an einer Kapelle vorbei verlassen wir geradewegs den Ort. Das betonierte Sträßchen endet an einem Querweg, auf dem wir links gehen. Nach wenigen Metern folgen wir vor einem Gebäude der steilen Betonstraße rechts hinauf in die Olivenhaine. Nach ca. 300 Metern an einer Weggabelung auf dem betonierten Weg links aufwärts. Er windet sich durch den Hang nach oben und trifft unterhalb felsdurchsetzter Hänge auf eine Schotterstraße. Auf ihr gehen wir nach rechts und biegen nach ca. 100 Metern links auf ein weiteres Schottersträßchen. Nach ca. 300 Metern setzt rechts mit einigen Stufen der alte Fußweg zum Jouhtas an (roter Pfeil). Vorbei an Zypressen wandern wir auf dem alten Wallfahrtsweg aufwärts. Die Aussicht reicht bald über die grünen Weinberge zum Meer im Norden und zum kahlen Dikti-Massiv im Osten. Der deutliche und teils rot markierte Steig quert durch die Hänge des Jouhtas nach links bis in die Fallinie der Gipfelkapelle. An einer Weggabelung bei einem alten Zaun kann man rechts oder links gehen und erreicht kurz darauf die Fahrstraße, die zum Gipfel führt. Auf ihr wenige Schritte nach rechts, bis links die Fortsetzung des alten Weges mit einigen Stufen beginnt. Auf dem breiten Weg steigen wir durch den Gipfelhang und treffen wieder auf die Schotterstraße.

Links erreichen wir die weiße Gipfelkapelle auf dem Jouhtas, die hart an die senkrecht abfallende Westflanke gebaut ist. Sie ist der »Verklärung Christi« (Metamorphosis Christi) geweiht, die alljährlich am 6. August mit einer mehrtägigen Wallfahrt gefeiert wird. Auf dem Nordgipfel, im eingezäunten Gebiet der Sendeanlage, liegen die Grundmauern eines minoischen

Von Arhanes auf den Jouhtas 13

Gipfelheiligtums. Die antiken Griechen vermuteten auf dem Jouhtas das Grab des Zeus, dessen Gesichtszüge die Gipfellinie des Berges nachzeichnen soll. Die umfassende Aussicht über das mittelkretische Hügelland wird im Westen vom breiten Klotz des Ida-Massives und im Osten von den Dikti-Bergen begrenzt. Im Norden erkennt man Iraklion, vor dessen Küste die Insel Dia im Meer schwimmt.

Vom Gipfel steigen wir auf dem bekannten Weg wieder nach Arhanes ab.

Informationen zur Tour

 Ausgangsort

Arhanes liegt 15 Kilometer südlich von Iraklion im mittelkretischen Hügelland.

Das Wallfahrtskirchlein auf dem Jouhtas steht nahe an den senkrecht abfallenden Westwänden.

Im Zentrum des Weinbaustädtchens Arhanes steht die Panagia-Kirche mit Fresken aus dem 14. Jahrhundert.

Anfahrt

Mit eigenem Fahrzeug: Von Iraklion auf guter Straße über Knossos nach Arhanes. Auf der Hauptstraße vorbei an der Panagia-Kirche (Fresken aus dem 14. Jh.) geradewegs in den Ort. Vor einer Einbahnstraße der Beschilderung nach Vathipetro folgend auf der Hauptstraße rechts hinab. Kurz nach einer in einem kleinen Park gelegenen Kapelle auf breiter Straße nach links. Nach 200 Metern zweigt rechts die Straße Odos Nikolao Myr. Pachaki ab. Hier beginnt die Wanderung.

Bus: Ausgezeichnete Busverbindung von Iraklion nach Arhanes. Von der Bushaltestelle auf dem Hauptplatz von Arhanes auf der breiten Hauptstraße am Polizeirevier vorbei zurück, bis nach ca. 300 Metern links die Straße Odos Nikolao Myr. Pachaki abgeht.

Einkehrmöglichkeiten

Tavernen in Arhanes.

Unterkünfte

In Arhanes Rooms Orestis,
Tel. 0 81/75 16 19.
Große Auswahl an Unterkünften aller Kategorien in Iraklion.

Öffnungszeiten

Museum Arhanes:
täglich 8 – 14.30 Uhr.
Wegbeschreibungen zu den großteils verschlossenen Ausgrabungen am besten im Museum erfragen.

Weitere Sehenswürdigkeiten

Die berühmte minoische Palastanlage von Knossos; vier Kilometer südlich von Arhanes das minoische Herrenhaus von Vathypetro.

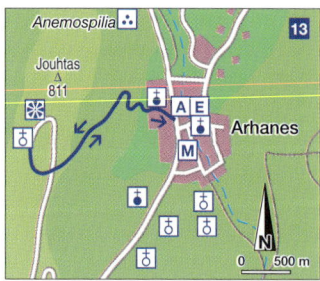

14 Von der Nidha-Hochebene auf den Psiloritis

Tourenlänge
20 km

Durchschnittliche Gehzeit
8 1/4 Std.

Etappen
Nidha-Hochebene – Alm Kollita 1 1/2 Std. – Psiloritis-Gipfel 3 Std. – Alm Kollita 2 1/2 Std. – Nidha-Hochebene 1 1/4 Std.

Steigungen
1200 m

Interessantes am Weg
Die Idäische Grotte.

Wegcharakter
Hochalpine, teils weglose Wanderung auf den höchsten Gipfel Kretas, die nur bei sicherem Wetter unternommen werden sollte. Zwischen Frühsommer und Herbst möglich, bis Mai noch sehr viel Schnee. Als einfache und kurze Alternative bietet sich der Spaziergang zur Idäischen Grotte an (ca. 30 Min. Aufstieg).

Wegmarkierungen
Rote und gelb-schwarze Markierungen des E4.

Vom 11. Jahrhundert v. Chr. bis in römische Zeit wurde in der Idäischen Grotte, zu der so berühmte Männer wie Pythagoras pilgerten, Zeus verehrt. Nach seiner Geburt in der Diktäischen Grotte (siehe Tour 10) soll Zeus in der Ida-Höhle von Nymphen heimlich großgezogen worden sein, ehe er seinem Vater Kronos die Weltherrschaft entriß. Ausgrabungen im 19. Jahrhundert, die seit 1982 fortgesetzt werden, brachten herrliche Votivgaben ans Tageslicht. Bronzegegenstände, Goldschmuck und Edelsteine bezeugen die Bedeutung, die die Idäische Grotte in der Mythologie des antiken Griechenland besaß.

Unsere Wanderung beginnen wir an der Nidha-Hochebene (1370 m), einer abflußlosen Karstsenke mit ca. zwei Kilometern Durchmesser, die von ödem Bergland umringt ist. Vom Gästehaus am Rand der Ebene wandern wir auf einer Schotterstraße in Serpentinen aufwärts. Oberhalb der kleinen Analipsis-Kapelle, die rechts des Weges liegt, quert die Straße den Hang nach links bis zu einer letzten Kehre. Rechts führt die Straße zur Idäischen Grotte (1540 m) hinauf, die wir als leichtes Alternativziel wählen oder nach der Bergtour besuchen können. Die riesige, dunkle Grotte liegt am

Fuße einer steilen Felswand. Sie besteht aus mehreren Kammern und ist mit einem Gatter gesichert, da die Ausgrabungen noch nicht abgeschlossen sind. In den Sommermonaten ist jedoch meist ein Aufseher anwesend, der Besucher in die Höhle läßt.

Der Anstiegsweg zum Psiloritis verläßt in der Kehre die Schotterstraße (E4-Schild und roter Pfeil). Auf dem schmalen, hervorragend markierten Steig queren wir in einer halben Stunde den Hang aufwärts bis an den Rand eines Tales. Der Weg windet sich nun rechts aufwärts und leitet uns durch das Tal in einer Stunde auf einen Sattel. Wir steigen jenseits zu einer flachen Senke der Alm Kollita hinab, in der wir auf den von Kamares heraufkommenden Südanstieg treffen. Er ist bedeutend länger und anstrengender als jener von der Nidha-Hochebene (Busverbindung von Iraklion nach Kamares).

Rote Markierungen weisen uns jetzt den Weiterweg. Eine langgezogene Talmulde leitet uns in nordwestlicher Richtung aufwärts. Nach ca. 1,5 Stunden erreichen wir an ihrem oberen Ende inmitten einer wahren Mondlandschaft einen Karstkrater. Wir wandern den Markierungen

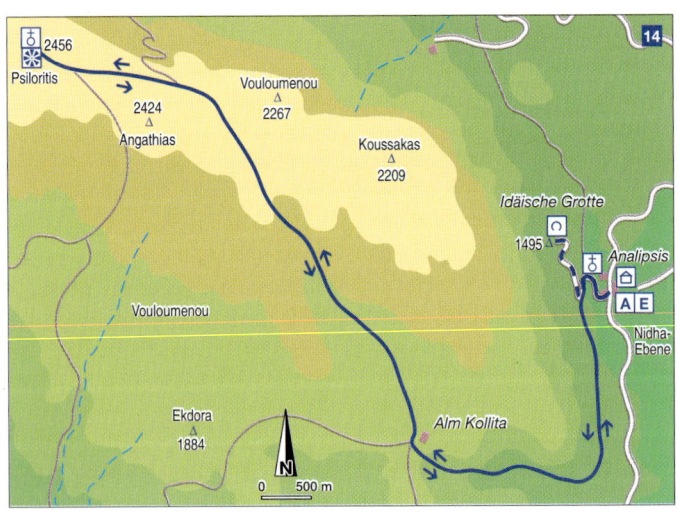

Von der Nidha-Hochebene auf den Psiloritis 14

folgend rechts um den Krater und rechtshaltend zu einem nahen Sattel, von dem wir im Norden das Meer sehen können. Der Weg wendet sich nun am Kamm entlang nach links und quert den Nordhang des Agathias. Wir erreichen den Sattel vor dem durch die kleine Kapelle gekennzeichneten Gipfel des Psiloritis. Von hier führt uns ein letzter, mühevoller Anstieg auf den höchsten Gipfel Kretas, den Psiloritis (2456 m, zu deutsch der »Höchste«). Von der kleinen Bruchsteinkapelle Timios Stavros scheint der Blick über die Meere im Norden und Süden grenzenlos. Im Westen tragen die nur wenig niedrigeren Weißen Berge das Firmament, und im Osten sägt der Kamm des Dikti-Massivs am Himmel. Allzu lange können wir die Aussicht allerdings nicht genießen, denn nach und nach verhüllen wie so oft Wolken das Ida-Gebirge und vor uns liegt noch der lange Abstieg zurück zur Nidha-Ebene.

Auf halbem Weg von der Nidha-Hochebene zur Idäischen Grotte liegt die kleine Analipsis-Kapelle.

Informationen zur Tour

Ausgangsort

Das Gästehaus am Rande der Nidha-Hochebene.

Anfahrt

Mit eigenem Fahrzeug: Auf kurvenreicher, aber gut ausgebauter Straße von Osten (Iraklion) oder Westen nach Anogia. Das größte kretische Gebirgsdorf liegt nordöstlich des Psiloritis. Am östlichen Ortsrand von Anogia auf die neu ausgebaute Straße, die durch gebirgige Landschaft nach ca. 20 Kilometern in die Nidha-Hochebene führt. Den letzten Kilometer auf Schotterstraße bis zum deutlich sichtbaren Gästehaus am Westrand der Ebene (ab Iraklion ca. zwei Stunden Fahrzeit).

Bus: Busverbindung von Iraklion nach Anogia mehrmals täglich; von Rethimno nach Anogia Mo – Fr zweimal täglich. Von Anogia zur Nidha-Hochebene entweder mit Taxi (ab Anogia ca. 40,– DM) oder mit Auto-

Schon auf der Anfahrt zur Nidha-Hochebene beeindruckt das Bergland durch seine karge Schönheit.

stop (frühmorgens fahren die Hirten zur Hochebene). Die Anfahrt ohne eigenes Fahrzeug ist sehr umständlich. Empfehlenswerter ist es, sich für einen Tag ein Fahrzeug zu leihen.
Taxi: In Anogia.

Einkehrmöglichkeiten

Im Gästehaus Analipsis am Rand der Nidha-Hochebene.

Unterkünfte

In Anogia: Das einfache und preiswerte Hotel Psiloritis, Tel. 08 34/ 3 12 31; verschiedene Privatzimmer, empfehlenswert: Rooms Aristea, Tel. 08 34/3 14 59.

Weitere Sehenswürdigkeiten

Im Bergdorf Anogia, das während der Widerstandskämpfe gegen die türkische und deutsche Besatzung mehrmals vollständig zerstört wurde (1821, 1866 und 1944) die Agios-Ioannis-Kirche mit Fresken aus dem 14. Jh. Anogia gilt als Zentrum traditioneller Webarbeiten und der kretischen Volksmusik (Volksmusikfestival vom 10.–15. August).

15 Die Rouwas-Schlucht bei Zaros

Tourenlänge
9 km

Durchschnittliche Gehzeit
4 Std.

Etappen
Zaros – Agios Ioannis 2¼ Std. – Zaros 1¾ Std.

Steigungen
580 m

Interessantes am Weg
Die Klosterkirche von Moni Agios Nikolaos.

Wegcharakter
Einfache, aber teils steile Wanderung auf gut ausgebautem Weg durch die aussichtsreiche Schlucht. Das ganze Jahr über möglich, im Sommer sehr heiß.

Wegmarkierungen
Rote Markierungen.

An den wasserreichen Südhängen des Ida-Massivs liegt der Ort Zaros, der von der Oliven- und Rosinenproduktion lebt. Bekannt ist das Dorf durch die einzige Forellenzucht Kretas, die von weit her Ausflügler anlockt. Im Ort findet man bescheidene Überreste eines alten Aquäduktes. Es versorgte das zwölf Kilometer entfernte Gortina (Gortys), das in römischer Zeit die Hauptstadt Kretas war, mit Wasser. In der Nähe von Zaros kann man einige alte Klöster entdecken, so Moni Agios Nikolaos in der Rouwas-Schlucht, das wir auf unserem Weg besuchen. Drei Kilometer westlich von Zaros liegt das Kloster Vrondissi hoch oben am Hang. Umringt von den Wirtschaftsgebäuden aus dem 17. Jahrhundert steht auf dem Innenhof die alte Agia-Ekaterini-Kirche mit schönen Fresken aus dem 14. Jahrhundert. Noch weiter westlich (Zufahrt über das Dorf Vorizia oder einstündiger Fußmarsch auf dem E4 von der Kreuzung unterhalb Moni Vrondissi) liegt das einst bedeutende Kloster Valsamonero. Erhalten blieb hier nur die Klosterkirche (Schlüssel in Vrondissi oder im Dorf Vorizia) mit spätbyzantinischen, um 1400 gemalten Fresken, die zu den schönsten Kretas zählen. Wir beginnen unsere Wanderung oberhalb von Zaros am großen Teich, der die Forellenzucht mit Wasser versorgt. Nahe der Taverne am Ufer setzt der unübersehbare, durch Holzgeländer gekennzeichnete Anstiegsweg an (Ww. »E4«). Einige Serpentinen leiten durch den steilen Hang, bis uns ein Querweg nach links zum Beginn der Schlucht leitet. Bald erblicken wir das Kloster Moni Nikolaos. Wie durch ein Wunder blieb es 1994 vom großen Waldbrand, der die Pinienwälder im unteren Schluchtabschnitt versengte, verschont.

Vor der Klosteranlage halten wir uns an der ersten Weggabelung rechts und wechseln kurz darauf an der zweiten links über den Bach. Nun wenige Meter am Bach entlang und dann auf breitem Weg oberhalb der Gebäude links durch den bewaldeten Hang hinauf zu einer Schotterstraße. Auf ihr rechts aufwärts (rote Pfeile) und immer gerade bis zur Fortsetzung des schmalen Wanderweges. Anfangs links des Baches bis in den Talgrund und dann durch den rechten Hang steil zu einem Wasserbassin hinauf.

Rechts führt ein Abstecher zur Agios-Efthimios-Felsenkapelle, die mit einigen Fresken aus dem 14. Jahrhundert ausgemalt ist. Wir halten uns jedoch links und wandern auf ebenem Weg in den Schluchtgrund zurück. Wir folgen jetzt nicht den Spuren im Schluchtgrund aufwärts, sondern steigen auf dem breiten Weg nach links zu einer Wegkreuzung hinauf. Wir halten uns rechts und queren den steilen, durch den Waldbrand verwüsteten Hang aufwärts zu einem herrlichen Aussichtsplatz.

Der Weg läuft anschließend sanft in das bizarr ausgewaschene Bachbett zurück und wechselt wieder zum rechten Hang hinüber. Der wundervoll angelegte Steig führt unter schattenspendenden Bäumen oberhalb des unpassierbaren Schluchtgrundes entlang. Immer wieder helfen Holztreppen und kleine Brücken weiter. Bald wandern wir im nun deutlich flacheren, herrlich schattigen Schluchtgrund aufwärts, bis das Tal sich nach oben hin gabelt. Wir folgen dem flachen rechten Talast (rote Punkte), bis wir einen gelben Markierungspfosten erreichen. Hier verlassen wir das Haupttal nach rechts. Man wandert entweder linkshaltend auf deutlichem Weg links einer bewaldeten Hügelkuppe zum nahen Kirchlein Agios Ioannis hinauf. Oder man folgt rechtshaltend dem Weg durch ein kleines Seitental (rot markiert), der ebenfalls zur Kapelle hinaufführt.

Nach verdienter Rast steigen wir auf demselben Weg wieder ab. Bevor wir den Ausgangspunkt erreichen, besichtigen wir noch das kleine Frauenkloster Moni Nikolaos am unteren Schluchtausgang. In der geduckten, liebevoll gepflegten Klosterkirche

Die Rouwas-Schlucht bei Zaros 15

Eine Feuersbrunst hat im Jahre 1994 die Kiefernwälder im unteren Teil der Rouwas-Schlucht vernichtet.

finden wir Fresken aus dem 15. Jahrhundert. Von hier sind es anschließend nur noch wenige Minuten zurück zum Teich oberhalb von Zaros.

Informationen zur Tour

Ausgangsort
Zaros liegt 45 Kilometer südwestlich von Iraklion am Südfuß des Ida-Massivs.

Anfahrt
Mit eigenem Fahrzeug: Zaros ist auf gut ausgebauten Straßen von Osten, Süden und Westen zu erreichen. Im Ortszentrum von Zaros auf der Hauptstraße Richtung Westen (Ww. »Kloster Vrondissi« und »Kamares«) und noch vor dem Ortsende rechts auf schmale, zum Idi-Hotel ausgeschilderte Teerstraße. Vorbei am Hotel bis zu einem Parkplatz neben einem großen Teich am Ende der Teerstraße (ca. 1 Kilometer ab Ortszentrum).
Bus: Einmal täglich ein Bus ab Iraklion. Von Zaros wie beschrieben zum Ausgangspunkt am Teich.

Einkehrmöglichkeiten
Eine Taverne am Ausgangspunkt neben dem Teich. Mehrere Tavernen im Ort und an der Zufahrtsstraße zum Ausgangspunkt.

Unterkünfte
In Zaros das Mittelklasse-Hotel Idi, Tel. 08 94/3 13 02 (an der Zufahrtsstraße zum Ausgangspunkt).

Weitere Sehenswürdigkeiten
Die Klosterkirchen von Moni Vrondissi und von Valsamonero westlich von Zaros.

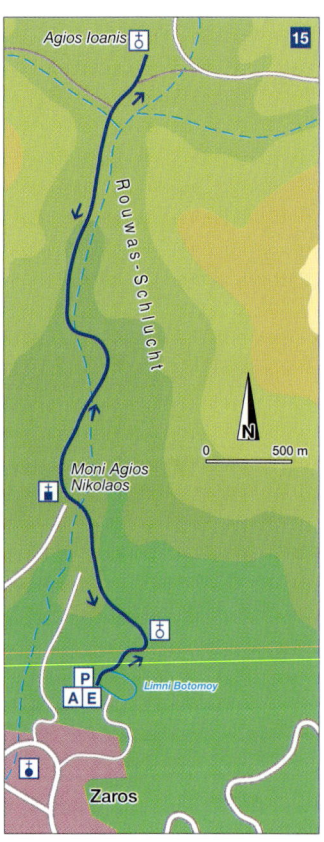

16 Von Kapetaniana zum Kloster Koudouma

Tourenlänge
18 km

Durchschnittliche Gehzeit
7 Std.

Etappen
Kapetaniana – Moni Koudouma
3 Std. – Kapelle nahe Agios Ioannis
2 Std. – Kapetaniana 2 Std.

Steigungen
1000 m

Interessantes am Weg
Das Kloster Koudouma und die Höhlenkirche Agios Antonios.

Wegcharakter
Eine lange und anstrengende Wanderung durch einsame Berge und entlang einer abgelegenen Küste, die etwas Orientierungssinn verlangt. Das ganze Jahr über möglich, im Sommer extrem der Sonne ausgesetzt.

Wegmarkierungen
Zwischen dem Konfinas und der Höhlenkirche Agios Antonios rote Markierungen.

Südlich des Ida-Gebirges streckt sich die riesige Messara-Ebene von der Küste weit nach Osten in das Landesinnere. Dank ihrer Fruchtbarkeit war sie seit minoischer Zeit besiedelt. Mehrfach befand sich hier das politische Zentrum Kretas. Im Süden überragen die Asteroussia-Berge die Ebene und schützen sie vor den sengenden Südwinden. Das Gebirge und die kaum durch Straßen erschlossene Küste gehören zu den abgelegensten Landstrichen Kretas. So führt uns die heutige Wanderung im Schatten des 1231 Meter hohen Konfinas durch eine berauschend schöne, menschenleere Landschaft.

Unsere Wanderung beginnt im Bergdorf Kapetaniana, dem die endlose blaue Fläche des Lybischen Meeres zu Füßen liegt. Am oberen Ortsrand folgen wir der Schotterstraße, die links oberhalb der Häuser entlangführt. Nach 100 Metern halten wir uns links, und an der nächsten Weggabelung kurz nach einem Tal bleiben wir auf der unteren, rechten Piste. Wir durchschreiten eine weitere Talmulde, in der einige Bäume wachsen, und folgen dann dem aufwärts führenden Hauptweg, der auf den Gipfel des Konfinas zuläuft. Links an einer Ziegenweide vorbei leitet uns die breite Schotterpiste bis kurz vor den felsigen Konfinas, von dem uns nur noch ein Taleinschnitt trennt. Hier

Aus der riesigen Grotte, in der sich die Agios-Antonios-Kapelle versteckt, geht der Blick auf die einsame Küste.

biegt die Straße scharf nach links. Unten im Tal beginnt ein deutlich auszumachender Weg, der rechts ansteigend durch die Hänge des Konfinas läuft. Wir steigen kurz auf dem Schotterweg und dann weglos zum Beginn des Steiges ab (links durch das Tal führt ein Weg auf den Konfinas). Wir queren auf dem Steig rechts durch die Westflanke des Konfinas sanft aufwärts. Der Weg führt uns zwischen Felsen auf eine Ebene, die von den Südabstürzen des Konfinas überragt wird.

Rechts am Rand der Ebene erkennen wir ein betoniertes Vermessungszeichen, an dem der Abstieg zum Meer beginnt (nicht dem Pfad geradeaus weiter folgen!). Von hier haben wir eine phantastische Aussicht auf die wilde, einsame Küste und das grenzenlose Meer. Ca. 30 Meter links des Vermessungszeichens finden wir mehrere Steinmänner, von denen der steinige Weg in Serpentinen durch den Steilhang abwärts führt (ab hier teilweise rot markiert und viele Steinmänner).

Von Kapetaniana zum Kloster Koudouma 16

Bald quert er links durch den Kiefernwald, ehe er unter mächtigen Bäumen wieder in Serpentinen bergab läuft. Mehrmals ist der Weg unter dichten Kiefernnadeln, die jeden Schritt angenehm abfedern, kaum noch auszumachen. Im unteren Teil des gewaltigen Steilhanges wird der Blick zum Kloster hinab frei. Der steinmauergestützte Weg ist meist deutlich auszumachen, und verschiedene Wegvarianten finden immer wieder schnell zusammen. Das letzte, flachere Wegstück ist mit großen Steinmännern markiert und bringt uns zu einem weißen Kreuz. Von hier führt der deutliche Weg links über einen kurzen Felsabbruch zum nahen Kloster Moni Koudouma, das unter Palmen an einer einsamen Bucht liegt. Das große Kloster, das von drei Mönchen bewirtschaftet wird, wurde im 19. Jahrhundert erbaut und bietet keine kunstgeschichtlichen Sehenswürdigkeiten. Einmalig ist jedoch die weltabgeschiedene Lage nahe dem in der Mittagssonne glitzernden Meer.
Vom Kloster steigen wir wieder zum weißen Kreuz auf der Abbruchkante hinauf. Oberhalb der Telegrafenleitung folgen wir nun geradewegs dem mit roten Punkten deutlich gekennzeichneten Küstenweg. Auf einer Kuppe passieren wir wieder ein weißes Kreuz und steigen dann zu einem dritten Kreuz mit der Aufschrift »Agios Antonios« ab. Hier biegt links der Steig ab, der uns entlang der wundervollen Küste unter zerfressenen Felswänden in ca. 10 Minuten zur Kapelle Agios Antonios bringt.
Sie liegt in einer riesigen Grotte, die sich hinter dem Kirchlein zu einer Tropfsteinhöhle verengt. In einigen Wasserbecken schimmert dort kristallklares Wasser, dem besondere Heilkraft zugesprochen wird. Hat man eine Taschenlampe dabei, kann man bis zu einem alten Kultplatz am Ende der Grotte vordringen. Ein Blick in die äußerlich bescheidene Kapelle lohnt, denn die Reste alter Fresken sind an den Seitenwänden erhalten geblieben.
Von der Kapelle wandern wir zurück zum letzten Kreuz und wenden uns dort auf jetzt unmarkiertem Weg nach links. Er leitet uns abwärts in Richtung Küste, bis wir auf einen Schafpferch treffen. Hier nicht links durch einen Naturfelsbogen zur Küste hinab, sondern hinter dem Pferch auf die deutliche Fortsetzung des Wanderweges. Er führt uns bald über einen Felskamm in eine Schlucht hinab, die wenige Meter links von

uns in einer herrlichen, von Felswänden umringten Kiesbucht endet. Gegenüber hilft uns ein Weg entlang einer Wasserleitung aus der Schlucht heraus. Wir gehen geradewegs zu einer Schotterstraße, die uns rechts zu einer neu erbauten Kapelle bringt (links führt die Straße zur Küstensiedlung Agios Ioannis). Hier beginnt der anstrengende, schattenlose Aufstieg nach Kapetaniana, der teilweise der grob in den Steilhang gefrästen Schotterpiste folgt. Kurz oberhalb der Kapelle kann man linkshaltend entlang der Telefonleitung auf dem alten, verfallenen und steilen Weg die unteren Kehren der Straße abkürzen. Wem dieser Anstieg zu anstrengend ist, der folgt immer der Straße. Auf halber Hanghöhe treffen beide Varianten zusammen, und im oberen Teil des Steilhanges bleiben wir immer auf der serpentinenreichen Straße.

Nach dem letzten Felsgürtel erreichen wir eine grüne Ebene, die wir auf einer Wegspur geradeaus überqueren. Wir gehen über die Straße und folgen dem alten Weg, der rechts um einen Hügel läuft. Er ist lediglich anfangs ausgewaschen und führt dann nahe der Telefonleitung sanft aufwärts. Nach einem Gatter stoßen wir wieder auf die Straße, die wir überqueren. Der Weg läuft kurz in ein Tal und bringt uns daraufhin zwischen Steinmauern zum Friedhof von Kapetaniana hinauf. Hier gehen wir auf der Schotterstraße nach links und finden kurz nach einem Tal rechts ein Weglein, das uns in den oberen Ortsteil von Kapetaniana hinaufführt. Vorbei an der Taverne steigen wir geradewegs bis zum Ausgangspunkt am oberen Dorfrand hinauf. Wer noch Zeit hat, kann im Ort die beiden byzantinischen Kirchen mit Fresken aus dem 14. Jahrhundert aufsuchen.

Informationen zur Tour

Ausgangsort

Kapetaniana liegt in 700 Meter Höhe an der Südflanke der Asteroussia-Berge.

Von Kapetaniana zum Kloster Koudouma 16

Unterhalb der senkrechten Südwände des Konfinas beginnt der steile Abstieg zum Kloster Moni Koudouma.

Anfahrt

Mit eigenem Fahrzeug: Von Agii Deka, das an der Hauptstraße durch die Messara-Ebene liegt, der Beschilderung folgend nach Vagionia. In Vagionia links (Ww. »Loukia«) nach Loukia und geradewegs durch den Ort. Kurz nach dem Dorf endet der Teerbelag, und eine acht Kilometer lange Schotterstraße führt über die Berge nach Kapetaniana.
Bus: Ein- bis zweimal täglich Busse von Mires über Agii Deka nach Loukia. Von Loukia auf der Schotterstraße zu Fuß weiter nach Kapetaniana (ca. 3 Std.).

Einkehrmöglichkeiten

Eine Taverne in Kapetaniana.

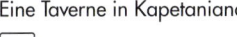 Unterkünfte

In Kapetaniana die preiswerte Pension Konfinas (österreichische Betreiber), Tel. 08 93/4 14 40.
Bescheidene Übernachtungsmöglichkeit im Kloster Koudouma.
Weitere Unterkünfte in Mires, Agii Deka und Vagionia.

Weitere Sehenswürdigkeiten

Nahe Agii Deka die griechisch-römische Stadt Gortina (Gortys).

17 Die Schlucht der Eremiten bei Kali Limenes

 Tourenlänge
7 km

 Durchschnittliche Gehzeit
2 Std.

 Etappen
Straße – Strand 1 Std. – Straße 1 Std.

 Steigungen
80 m

 Interessantes am Weg
Die Schlucht der Eremiten (Agio Farago) und die Kuppelkirche Agios Antonios.

 Wegcharakter
Einfache, auch für Kinder gut geeignete Wanderung durch eine schöne Schlucht zu herrlicher Badebucht. Das ganze Jahr über möglich, im Winter einige Bachdurchquerungen.

 Wegmarkierungen
Keine, aber nicht zu verfehlender Weg.

 Eignung für Kinder
Für Kinder besonders geeignet.

Von Matala streckt sich ein karges, fast menschenleeres Bergland nach Süden und versinkt am Kap Lithino, dem südlichen Punkt Kretas, im Meer. Am Rand dieses Landstriches liegt das durch eine Ölverladestation auf einer vorgelagerten Insel entstellte Dorf Kali Limenes. »Guter Hafen« lautet die Übersetzung des Ortsnamens. Schon Griechen und Römer nützten die natürlichen Gegebenheiten für ihre Hafenstadt Lassaia, deren Überreste östlich des Dorfes auf der kleinen Insel Traphos zu finden sind. Im Jahre 60 n. Chr. legte hier für mehrere Wochen ein Schiff an, auf dem sich der Apostel Paulus befand. Ihm sollte in Rom der Prozeß gemacht werden, doch widrige Winde verhinderten eine zügige Überfahrt. Sein Begleiter Titus begann in Lassaia mit der Christianisierung Kretas und wurde zum ersten Bischof der Insel.

Am höchsten Punkt der Straße von Sivas nach Kali Limenes liegt das Kloster Moni Odigitria, das nur noch von wenigen Mönchen bewohnt wird. Hier, im Süden Kretas, mußten die Mönche in ständiger Furcht vor den Raubzügen arabischer und türkischer Piraten leben. So mag der festungsartige Charakter des Klosters mit dem abweisenden

Die Schlucht der Eremiten bei Kali Limenes 17

Fluchtturm nicht verwundern. In der Klosterkirche sind einige Fresken und schöne Ikonen erhalten geblieben.
Auf halbem Weg zwischen dem Kloster und Kali Limenes liegt der **Ausgangspunkt** unserer Wanderung in die Schlucht der Eremiten (Agio Farago). Ein grobes Schottersträßchen läuft in den nahen Talgrund hinab und führt dann am Flußbett entlang nach links. Es quert dieses mehrmals und endet nach ca. 15 Minuten vor einigen Gebäuden, die rechts des Flußbettes stehen. Wir bleiben hier auf der linken Talseite und folgen einem schmalen Weglein. Der Pfad pendelt von der linken zur rech-

Senkrechte, von Höhlen zerfressene Felswände begrenzen die Strandsichel, an der unsere Wanderung endet.

ten Talseite oder läuft direkt im Flußbett und ist problemlos zu begehen.
An der Stelle, an der sich das Tal nach links windet, beginnt die herrliche Schlucht mit ihren senkrechten Felswänden. Hinter einem alten, knorrigen Olivenbaum finden wir eine erste **Eremiten-Höhle** mit rauchgeschwärzten Wänden. Von früh-

christlicher Zeit bis in das 20. Jahrhundert lebten in den zahllosen Grotten des weltabgeschiedenen Tales Eremiten. Kurze Zeit später steht an der linken Talseite vor dunklen, überhängenden Felswänden die weiß getünchte Kuppelkirche Agios Antonios. Eine kleine Grotte dient als Apsis. Vor der Kirche liegt eine tiefe, ebenfalls weiß gestrichene Zisterne.

Kurz nach der Kirche sehen wir schon auf das nahe Meer und wandern durch den breiten, flachen Talgrund, der von höhlenzerfressenen Kalkwänden eingerahmt wird, zum in einer Felsbucht eingelagerten Strand. Zurück zum Ausgangspunkt folgen wir wieder dem Weg durch die Schlucht, die wir nun aus neuen Perspektiven betrachten können.

Informationen zur Tour

 Ausgangsort

Die Straße zwischen Sivas und Kali Limenes.

 Anfahrt

Mit eigenem Fahrzeug: Östlich von Pitsidia zweigen von der Hauptstraße, die von Matala nach Mires und weiter nach Iraklion führt, zwei Zufahrtsstraßen nach Sivas ab. In Sivas geradewegs durch den Ort (Ww. »Kali Limenes«). Nun auf breiter Sandstraße, die schon für den Ausbau vorbereitet ist, nach Listaros. Auf der Hauptstraße durch den Ort und hinauf zum Kloster Moni Odigitria. Jetzt jenseits ca. drei Kilometer in ein Tal hinab. Nach dem Flußbett vorbei an einem Häuschen sanft aufwärts, bis nach wenigen hundert Metern rechts eine grobe Schotterstraße in das Tal führt. Am Abzweig ist der Ausgangspunkt der Wanderung.

Bus: Gute Busverbindungen von Iraklion über Festos nach Matala. Mehrmals täglich Busverbindung von Agia Galini nach Matala (teilweise mit Umsteigen in Festos). Von Matala kann man mit Leihfahrzeug zum Ausgangspunkt fahren. In den Sommermonaten kann man mit Ausflugsbooten in die Badebucht von Agio Farago (Schlucht der Eremiten) fahren und die Schlucht von unten her erkunden.

Taxi: In Matala.
Fahrzeugverleih: In Matala.

 Einkehrmöglichkeiten

Keine.

Unterkünfte

Zwei preiswerte Pensionen in Sivas: Villa Kunterbunt, Tel. 08 92/4 26 49, und Pension Lofos, Tel. 08 92/ 4 26 05.

Die Schlucht der Eremiten bei Kali Limenes 17

Kurz bevor wir das Meer erreichen, stoßen wir auf die von dunklen Felswänden überragte Agios-Antonios-Kirche.

Zwei einfache und preiswerte Übernachtungsmöglichkeiten in Kali Limenes: Hotel Karavovrisi Beach, Tel. 08 92/4 22 02; Sea View Rooms, Tel. 08 92/4 22 04. Große Auswahl an Unterkünften aller Kategorien in Pitsidia und Matala.

Auskunft
In Matala.

Weitere Sehenswürdigkeiten
Der ehemalige Aussteigertreff Matala mit den seit der Steinzeit bewohnten Höhlen in den Sandsteinfelsen über dem Strand. Hierher soll Zeus die phönizische Königstochter Europa entführt und mit ihr Minos, den späteren Herrscher Kretas gezeugt haben. Nördlich von Sivas die Ausgrabung der minoischen Palastanlage von Festos; westlich von Festos die herrlich gelegene minoische Villa von Agia Triada; südlich von Festos die byzantinische Kirche Agios Pavlos mit schönen Fresken.

18 Rundtour zum Kloster von Preveli

Tourenlänge
12 km

Durchschnittliche Gehzeit
4 ½ Std.

Etappen
Bogenbrücke – Palmenstrand 1 ½ Std. – Abstecher zum Kloster Piso Preveli 1 ½ Std. – Bogenbrücke 1 ½ Std. (durch die Schlucht oder auf bekanntem Weg am östlichen Schluchtrand).

Steigungen
350 m

Interessantes am Weg
Die Schlucht des Megalou Potamos; die Klöster Piso Preveli und Kato Preveli; die Agia-Fotini-Kapelle.

Wegcharakter
Je nach Routenwahl einfache Wanderung oder abenteuerliche Tour. Von der Bogenbrücke zum Palmenstrand mit Ausnahme des steilen Schluchtabstieges leicht zu begehen. Der Aufstieg zum Kloster ist anfangs steil, aber nicht schwierig. Der Weg durch die Schlucht bietet kurze, einfache Kletterein und herrlich erfrischende Wasserdurchquerungen.

Wegmarkierungen
Teilweise rot markiert.

Der Megalou Potamos ist einer der wenigen Flüsse Kretas, der das ganze Jahr über Wasser führt. Kurz bevor er in einer Sandbucht in das Meer mündet, hat er eine beeindruckende Schlucht in die hellen Felsen geschnitten. Dank eines dichten Palmenwaldes, der sich vom Strand weit in die Schlucht hinein zieht, wirkt dieser Ort wie eine Oase an der heißen Südküste Kretas.

Unsere Wanderung beginnen wir an der breiten Teerstraße, kurz bevor sie am verfallenen Kloster Kato Preveli vorbeiführt. Von der Hauptstraße wechseln wir auf der elegant gespannten Bogenbrücke, die im 19. Jahrhundert im venezianischen Stil erbaut wurde, auf die Ostseite des Flusses. Dort folgen wir an der Weggabelung der rechten Sandstraße nahe dem rauschenden Fluß talaus.

Nach wenigen Minuten an einer Weggabelung bei einer weiteren alten Brücke auf dem Hauptweg nach rechts. Nun leicht ansteigend bis zu den unscheinbaren Ruinen einer aufgelassenen Klostersiedlung rechts unterhalb der Straße. Rechts auf dem Fahrweg kurz zum kleinen Kirchlein des ehemaligen Klosters hinab.

Hier folgen wir einer ebenen Wegspur links durch einen klei-

Rundtour zum Kloster von Preveli 18

nen Olivenhain und stoßen nach wenigen Metern auf eine grobe Schotterpiste. Auf ihr steil in das Tal eines Seitenbaches hinab und jenseits wieder steil aufwärts. Wir folgen noch wenige Minuten der Schotterstraße, bis sie geradewegs in den alten Wanderweg übergeht. Er läuft anfangs eben durch das Tal und steigt dann am Beginn der Schlucht an. Nach wenigen Minuten verzweigt sich die Wegspur. Rechtshaltend erreichen wir die senkrechte Abbruchkante der Schlucht. Hier öffnet sich der Blick über den palmengesäumten, zwischen hellen Kalkwänden eingeklemmten Flußlauf hinaus auf das Meer. Der Weg folgt der Schluchtkante, bis man den steil zum Meer abfallenden Hang erreicht. Auf steinigem Pfad linkshaltend steil zu einer kleinen Ebene hinab und auf ihr rechts in Richtung Schlucht. Noch vor der Abbruchkante den Steigspuren folgend links durch felsdurchsetztes Gelände hinab, bis man nahe einem Steinmann einen breiten Weg erreicht. Auf dem Weg bald über einen letzten Felsabbruch hinab zum feinsandigen Palmenstrand. Kurz vor dem Ende des Strandes hilft uns ein Steg über den Flußlauf. Nahe dem Meer beginnt jetzt der breit ausgetretene Weg, dem wir durch den Steilhang an der

Westseite der Bucht bis zu einem Parkplatz hinauf folgen. Vom Parkplatz zieht ein Feldweg flach nach links in eine Mulde mit roter Erde. In gleichbleibender Richtung hilft uns ein Trampelpfad zu einem Schotterweg hinauf, dem wir nach links folgen. Wo die Schotterstraße rechts zur Teerstraße hinauf umbiegt, gehen wir auf einer Wegspur geradeaus weiter. In einem kleinen Sattel erreichen wir die Teerstraße.

Gegenüber einer Talmulde liegt das Kloster Piso Preveli, das wir entlang der Straße nach wenigen hundert Metern erreichen. In grandioser Panoramalage wurde es im 17. Jahrhundert an Stelle einer älteren Anlage im venezianischen Stil erbaut. Im 18. und 19. Jahrhundert war das reiche, abseits gelegene Kloster eines der wichtigsten Zentren im Kampf der Kreter gegen die Türken und wurde mehrmals verwüstet. Im Zweiten Weltkrieg blieb das Kloster lange Zeit von den deutschen Besatzern unbemerkt. So konnten sich hier britische Soldaten verbergen, ehe sie von einem U-Boot am Palmenstrand aufgenommen wurden. Im Zentrum der Klosteranlage steht die Kirche, in der sich neben der herrlich geschnitzten Altarwand Ikonen und ein Patriarchenthron befinden. Wertvollstes Ausstattungsstück ist ein wundertätiges Silberkreuz aus der

Nahe der verlassenen Klostersiedlung Kato Preveli beginnt die Tour zum Palmenstrand von Preveli.

Rundtour zum Kloster von Preveli 18

Zeit um 1700, das einen Splitter des Kreuzes Jesu birgt. Das kleine Klostermuseum zeigt eine Sammlung byzantinischer Kirchenkunst. Erwähnenswert sind hier wertvolle Ikonen und Meßgewänder.

Vom Kloster steigen wir auf dem bekannten Weg wieder zum Palmenstrand ab. Rechts des Flusses (die folgenden Richtungsangaben im Sinne des Anstieges) führt ein herrlicher Weg durch den Palmenwald, der von senkrechten Schluchtwänden überragt wird. Dieser Weg endet vor einigen, von den Füßen der Besucher glattpolierten Felsblöcken im Fluß. Nach diesem Abstecher in die Schlucht kann man zum Strand umkehren und von dort dem schon bekannten Weg am Schluchtrand zum Ausgangspunkt zurück folgen.

Wer ein kleines Abenteuer nicht scheut, dem sei die Durchquerung der Schlucht empfohlen. Dazu springen wir über die Felsen zum jenseitigen Ufer (oder durchwaten das Wasser). Dort finden wir einen teils mit roten Punkten markierten Pfad, dem wir taleinwärts folgen. An der engsten Stelle der Schlucht sperrt ein Wasserbecken den Weiterweg. Wir queren durch das herrlich erfrischende Wasser auf die rechte Flußseite und von dort durch hüfttiefes Wasser zu einem großen Felsblock nach links.

Nun geht es über einige Felsblöcke aufwärts, bis uns ein Pfad links am Fluß entlang führt. An der Stelle, an der am oberen Ende der Schlucht der Flußlauf nach rechts schwenkt, folgen wir einem schmalen Steig steil aufwärts durch den Talhang bis zu einem hohen Zaun. Wir wandern stets am Zaun entlang rechts hinab und dann um einen ebenen Olivenhain herum.

Bald können wir über den umgestürzten Zaun steigen und auf einem Schotterweg talauf bis zu einem Tor gehen. Wer sich für Kunst interessiert, der kann links einen kurzen Abstecher zur unscheinbaren Agia-Fotini-Kapelle machen, die am oberen Rand des Olivenhains liegt. Sie überrascht mit wunderschönen Fresken, die um 1400 gemalt wurden. Anschließend folgen wir hinter dem Tor dem breiten Fahrweg. An der nächsten Weggabelung gehen wir auf dem schmaleren Schotterweg geradeaus. Am Ende eines Olivenhains wechseln wir geradeaus auf einen schmalen Pfad, der uns am Fluß entlang zu einer Schotterstraße leitet. Wir folgen ihr nach rechts und treffen nach ca. 20 Minuten, wenige Meter neben der venezianischen Brücke, auf die Straße zum Kloster Preveli.

Informationen zur Tour

 Ausgangsort

Die venezianische Bogenbrücke an der Straße zwischen Lefkogia und dem Kloster Piso Preveli.

 Anfahrt

Mit eigenem Fahrzeug: Vom Touristenort Plakias auf guter Straße in Richtung Preveli (ausgeschildert). Ca. drei Kilometer hinter Lefkogia unmittelbar links der Straße steht die venezianische Brücke (gute Parkmöglichkeiten).
Bus: Ausgezeichnete Busverbindung von Rethimnon nach Plakias, tägliche Busverbindung von Hora Sfakion nach Plakias und mehrmals täglich von Agia Galini nach Plakias. Von Plakias täglich drei Busse zum Kloster Piso Preveli. Bei Anfahrt mit dem Bus beginnt man die Wanderung am besten am Kloster.
Boot: Täglich fahren Badeboote von Plakias und von Agia Galini zum Palmenstrand von Preveli.
Taxi: In Plakias.
Fahrzeugverleih: In Plakias.

 Einkehrmöglichkeiten

Einfache Tavernen am Palmenstrand von Preveli und am Kloster Piso Preveli.

 Unterkünfte

In der nächsten Bucht östlich vom Palmenstrand von Preveli, am Ende der an der Bogenbrücke abzweigenden Fahrstraße, zwei Tavernen mit preiswerten Zimmern.
In Lefkogia preiswerte Privatzimmer.
In Plakias Hotels und Privatzimmer aller Kategorien; zusätzlich eine Jugendherberge und ein Campingplatz.

 Öffnungszeiten

Kloster Piso Preveli: Je nach Jahreszeit täglich 8 – 18 Uhr oder 9 – 19 Uhr.

Auskunft

In Plakias.

Ein dichter Palmenwald zieht sich vom Preveli-Strand am Fluß entlang bis tief in die steilwandige Schlucht.

19 Die Tsirita-Schlucht bei Patsos

Tourenlänge
3 km

Durchschnittliche Gehzeit
1¼ Std.

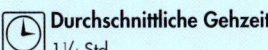
Etappen
Taverne – Brücke 30 Min. – Taverne 45 Min.

Steigungen
100 m

Interessantes am Weg
Die Agios-Antonios-Kapelle und die steilwandige Schlucht.

Wegcharakter
Ein kurzer, einfacher Spaziergang durch die herrliche Schlucht. Wer die untere Schluchthälfte begehen will, sollte für die lehmigen Wasserdurchquerungen ein zweites Paar Schuhe mitnehmen. Der Weg durch den oberen Schluchtteil ist das ganze Jahr begehbar, die Strecke ab Wegende von Frühjahr bis Herbst.

Wegmarkierungen
Keine, aber ein nicht zu verfehlender Weg.

Im wasserreichen Hügelland südlich von Rethimnon liegt abseits ausgetretener Touristenpfade das Bauerndorf Patsos. Unterhalb des Dorfes hat sich das Flüßchen Tsirita auf kurzer Strecke eine steilwandige Schlucht in die bunten Felsen gegraben. Ein gut ausgebauter Fußweg, eine Seltenheit auf Kreta, erschließt dem Normalwanderer die obere Hälfte des engen Durchbruchs. Wer ein wenig Abenteuer sucht, der kann auch in den unteren, weglosen Teil der Schlucht eindringen. Der Weiterweg zwischen den glattgewaschenen Felswänden ist klar vorgegeben.
Von der Taverne am oberen Schluchteingang gehen wir auf der Schotterstraße kurz durch das Tal nach links bis zu einem Parkplatz. Rechts beginnt der hervorragend ausgebaute Weg, der den oberen Teil der Tsirita-Schlucht erschließt.
Nach wenigen Minuten erreichen wir einen großen Grillplatz vor der Kapelle Agios Antonios, die unter einer überhängenden Wand in eine Grotte gebaut wurde. Wie Funde beweisen, diente diese Grotte von minoischer bis in römische Zeit als Kultstätte. Wir bleiben weiterhin auf dem Weg, der durch den rechten Talhang bergab läuft. Senkrecht ragen nun zu beiden Seiten die Schluchtwände über uns auf. Nach kurzer Wegstrecke lassen wir uns einen kurzen Abstecher nicht entgehen, der rechts auf

einem schmalen Weg auf eine steile Felskuppe hinaufführt. Vom Rastplatz auf dem Gipfel bietet sich eine phantastische Aussicht auf die Schlucht mit ihren vielfarbigen Steilwänden, die sich tief in das Hügelland geschnitten hat.
Anschließend führt uns der gute Weg noch tiefer in die Schlucht.

Ein hervorragend ausgebauter Weg eröffnet den Zugang in die von steilen Wänden überragte Tsirita-Schlucht.

Bald läuft er steil in den Schluchtgrund. Einige Male müssen wir die Hände kurz zu Hilfe nehmen, ehe der Steig kurz vor der engsten Schluchtstelle an einer Brücke endet. Wir schlüpfen mit Hilfe in den Fels geschlagener Tritte links des Flüßchens noch unter einem großen Felsblock hindurch und stehen wenige Meter weiter vor einem Wasserbecken.
Wer in der Schlucht noch weiter vordringen möchte, muß jetzt mehrmals das Wasser durchqueren. Da die Tsirita dicke, schmierige Lehmschichten abgelagert hat, entschließen wir uns, von hier zur Taverne am oberen Schluchteingang zurückzukehren.

Informationen zur Tour

 Ausgangsort
Eine Taverne im Tal der Tsirita unterhalb des Bergdorfes Patsos.

Anfahrt
Mit eigenem Fahrzeug: Westlich von Rethimnon auf der nach Prassies ausgeschilderten Straße nach Süden. Von Prassies weiterhin auf der Hauptstraße hinab in das Tal und kurz nach Tavernen und einer Tankstelle rechts auf die nach Voleones ausgeschilderte Straße. Geradewegs durch die Dörfer Voleones und Pan-

Die Tsirita-Schlucht bei Patsos 19

danasa nach Patsos. Auf der engen Hauptstraße durch Patsos und einen Kilometer westlich der Ortschaft rechts auf die Teerstraße einbiegen (Ww. »Antonios«). Durch die Olivenhaine auf neuer Straße bis zu ihrem Ende an einer Taverne im Talgrund (Parkmöglichkeit).

Bus: Da nur einmal täglich am Nachmittag ein Bus von Rethimnon nach Patsos verkehrt, ist die Anreise mit dem Bus nicht empfehlenswert.
Taxi: In Rethimnon.
Fahrzeugverleih: In Rethimnon.

 Einkehrmöglichkeiten
Eine Taverne am Schluchteingang.

 Unterkünfte
In der nahen Umgebung keine Unterkünfte.
In Rethimnon große Auswahl an Unterkünften aller Kategorien und eine Jugendherberge.

 Auskunft
An der Strandpromenade in Rethimnon, Tel. 08 31/2 91 48 oder 2 41 43 (geöffnet Mo – Fr 9 – 14.30 Uhr).

 Weitere Sehenswürdigkeiten
Östlich von Patsos in Apostoli und Genna byzantinische Kirchen mit Fresken aus dem 14. und 15. Jh.; in Thronos östlich von Apostoli eine Pangia-Kirche mit frühchristlichem Mosaikfußboden und Fresken aus dem 14. Jh.

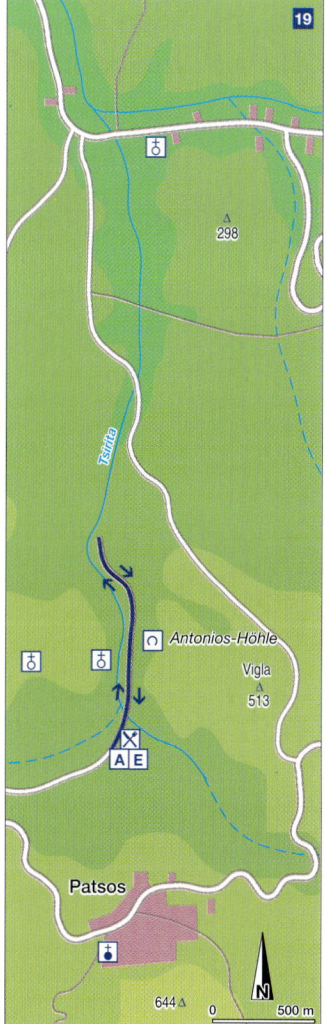

20 Von Hromonastiri auf den Vrissinas

Tourenlänge
9 km

Durchschnittliche Gehzeit
4 Std.

Etappen
Hromonastiri – Vrissinas 2 1/2 Std.
– Hromonastiri 1 1/2 Std.

Steigungen
600 m

Interessantes am Weg
Die Gipfelkapelle auf dem Vrissinas.

Wegcharakter
Eine teils anstrengende Wanderung auf einen herrlichen Aussichtsgipfel. Das ganze Jahr über möglich, im Sommer sehr heiß.

Wegmarkierungen
Teils blaue, teils rote Markierungen.

Durch ein Tal mit plätscherndem Bach, in dem die Ruinen einer alten Mühlensiedlung (Ww. »Mili«) liegen, fährt man von Rethimnon nach Hromonastiri hinauf. Wie einige bedeutende Kirchenbauten bezeugen, schätzten die Menschen schon im Mittelalter die freie Lage des Ortes inmitten olivenbewachsener Hügel, in dem die Hitze des Sommers gemildert erscheint. Die Ruine eines venezianischen Palastes am oberen Ortsrand und weiterer wertvoller Bauten lassen vermuten, daß Hromonastiri wichtiger Adelssitz war.

Am Eingang in den alten Dorfkern von Hromonastiri plätschert rechts der Straße an einer Mauer ein Brunnen. Vor dem Brunnen folgen wir rechts einem Gäßchen, das nach wenigen Metern durch einen Torbogen führt, geradewegs bis zu seinem Ende. Hier durch die schmale Gasse nach links zu einem betonierten Fahrsträßchen, auf dem wir rechts ca. 300 Meter hinabgehen. Am Ortsrand überqueren wir geradewegs eine Straße und finden einen alten Weg, der zwischen Steinmauern in das Tal hinabführt. Im Tal gehen wir über zwei Brückchen und dann auf einer Schotterstraße ca. 100 Meter aufwärts.

Hier biegt links ein unauffälliger, schmaler Weg ab, der an der rechten Seite des Tales entlang läuft. Bald steigt der verwachsene Weg durch Büsche zu einer breiten Schotterstraße hinauf. Auf ihr gehen wir wenige Meter nach rechts und finden dann

Von Hromonastiri auf den Vrissinas 20

Am Rand des Weilers Kapediana liegt inmitten stiller Olivenhaine eine kleine Kapelle.

links einen breiten Weg (roter Punkt). Er geht nach 100 Metern vor einem Zaun in einen schmalen Wanderweg über, der parallel einer Schotterstraße läuft. Nach ca. 10 Minuten schwenkt der teils stark zugewachsene

Weg nach rechts und leitet uns in eine Senke mit Olivenbäumen. Vor uns taucht eine weiße Kapelle auf, vor der wir auf einen Fahrweg treffen. Auf ihm kurz nach rechts und dann rechts der Kapelle auf schmalem Weg aufwärts. An einer Weggabelung vor einer Steinmauer nach links (roter Punkt) zu den ersten Häusern von Kapediana.
Auf dem Hauptweg durch das Dörfchen und dann links in eine Talmulde hinab. An der Stelle, an der der Teerbelag beginnt, gehen wir links (blaue Markierung) an einem Bach entlang zu einem nahen Grillplatz. Ober-

Auf halbem Weg zum Vrissinas bietet ein Eichenhain einen aussichtsreichen und schattigen Rastplatz.

halb des Brunnens leitet uns ein Steig kurz links aufwärts zu einer Schotterstraße (rote Markierung). Auf der Schotterstraße rechts aufwärts und nach einer Linkskurve rechts auf einen Schotterweg (Steinmänner). Nach kurzer Strecke vor einem Pumpenhaus links haltend bis zu einem nahen, anfangs verwachsenen Hohlweg.

Hier beginnt ein schmaler Steig, der schnell deutlicher wird (Steinmänner). Bald schlüpfen wir durch einen Zaun und folgen dem Pfad, der auf einem Rücken aufwärts führt. Etwas höher schwenkt der Pfad an einer Steinmauer entlang nach links zu einer Schotterstraße, die wir überqueren (blaue Markierung). Unter alten Eichen finden wir nach wenigen Metern einen herrlichen Rastplatz. Wir steigen auf altem Weg durch den Eichenhain aufwärts, bis wir an einer Weggabelung bei den höchsten Bäumen scharf nach links abbiegen.

Fast eben quert unser Weg durch den gesamten Nordhang des Vrissinas bis zu einem alleinstehenden Baum. Hier steigt der nun gepflasterte Weg teils in Serpentinen an. Weiter oben wird er wieder schmaler und läuft vom felsdurchsetzten Hang in eine flache Talmulde. Dort biegen wir 30 Meter nach zwei spitzen Felszacken, die links am Weg stehen, rechts auf einen schmalen Steig (Steinmann). Er führt bald steil links eines felsigen Vorgipfels an einigen Baumgruppen vorbei nach oben. Oberhalb der Hangkante erreichen wir ein Almgelände, auf das unser Ziel, die Gipfelkapelle auf dem Vrissinas, herabschaut. Wir gehen am rechten Rand des Almbodens zu einigen Bäumen hinauf, über denen ein felsiger Grat zum Gipfel hinaufzieht (von rechts kommen die Spuren des Direktanstieges über den Nordhang). Links des Grates steigen wir durch steiles, teils wegloses Gelände bis zur Gipfelkapelle auf dem Vrissinas hinauf, von der sich uns ein um-

Von Hromonastiri auf den Vrissinas 20

fassender Rundblick auf Land und Meer bietet. Schon in frühester Zeit zog der alleinstehende Gipfel, der all seine Nachbarn deutlich überragt, die Menschen an. 1972 wurde auf dem Vrissinas eines der ältesten minoischen Gipfelheiligtümer ausgegraben. Die dabei gemachten Funde sind im Archäologischen Museum von Rethimnon zu sehen. Nach einer langen Gipfelrast, die uns ein Hirte mit Walnüssen und selbstgebranntem Raki versüßt, kehren wir auf demselben Weg zum Ausgangspunkt zurück.

Informationen zur Tour

 Ausgangsort

Hromonastiri liegt in 350 Meter Höhe im Hügelland südöstlich von Rethimnon.

 Anfahrt

Mit eigenem Fahrzeug: Von Rethimnon in den östlichen Vorort Prevolia und auf der nach Prassies ausgeschilderten Straße unter der Schnellstraße hindurch. Wenige Meter nach der Unterführung rechts abbiegen und auf der gut ausgebauten Straße bis zu einem Brunnen am unteren Eingang in den alten Ortskern von Hromonastiri (Parkmöglichkeit).

Bus: Mehrmals täglich Busse von Rethimnon nach Hromonastiri.
Taxi: In Rethimnon.
Fahrzeugverleih: In Rethimnon.

 **Einkehrmöglichkeiten**

In Hromonastiri.

 Unterkünfte

In Rethimnon eine große Auswahl an Unterkünften aller Kategorien und eine Jugendherberge.

 Auskunft

An der Strandpromenade in Rethimnon, Tel. 08 31/2 91 48 oder 2 41 43 (geöffnet Mo – Fr 9 – 14.30 Uhr).

 Weitere Sehenswürdigkeiten

Die Panagia-Kirche in schöner Lage oberhalb Hromonastiri (beschilderter Weg, ca. 20 Minuten Fußweg) – die teils veränderte Kreuzkuppelkirche, die einst zu einem Kloster gehörte, enthält wertvolle Freskenreste aus dem 11. und 14. Jh.; die Agios-Eftihios-Kirche in einem Tal unterhalb von Hromonastiri (Abzweig ca. 200 Meter unterhalb des alten Ortskerns links von der Hauptstraße, Ww. »Agios Eftihios«, ca. 45 Minuten Fußweg) – die im 10. Jh. errichtete byzantinische Kirche enthält Fresken aus dem 11. Jh., die zu den ältesten auf Kreta zählen; die venezianisch-türkische Altstadt von Rethimnon mit mächtiger Festung, Kirchen und Moscheen.

Wanderungen in West-Kreta

21 Durch die Diktamos-Schlucht

Tourenlänge
8 km

Durchschnittliche Gehzeit
3 Std.

Etappen
Katohori – Stilos 3 Std.

Abstieg
200 m

Interessantes am Weg
Die tief eingeschnittene Schlucht und die Panagia-Serwiotissa-Kirche.

Wegcharakter
Einfache Wanderung durch die dichte, schattige Schlucht. Im Winter und nach anhaltenden Regenfällen nicht begehbar. Bei Anfahrt mit dem Bus begeht man die Schlucht von oben nach unten, bei Anfahrt mit eigenem Fahrzeug erkundet man sie besser von unten.

Wegmarkierungen
Blaue und rote Markierungen.

Südlich von Hania erstreckt sich ein fruchtbares Hügelland, das von den Weißen Bergen mit Wasser versorgt wird. In die sanft gewellte Landschaft hat ein kleines Flüßchen die mächtige Diktamos-Schlucht gegraben, die dank des dichten Bewuchses zu einer schattigen Sommertour einlädt. Ihren Namen verdankt sie der Diktamos-Pflanze, aus der der heilkräftige Bergtee bereitet wird.

Im folgenden wird die Schluchtwanderung für Busbenutzer talab beschrieben. Wer mit dem eigenen Fahrzeug anreisen will, dem sei die Wanderung schluchtaufwärts empfohlen, da man bis nahe vor den unteren Schluchtausgang fahren kann. Zusätzlich ist für den Kulturinteressierten noch der Abstecher zur Panagia-Serwiotissa-Kirche beschrieben, die nahe dem Schluchtausgang zu finden ist.

Schluchtwanderung von oben nach unten

Von der Bushaltestelle an der Brücke in Katohori gehen wir die Straße ca. 300 Meter zurück, bis sie nach links umbiegt. Hier wechseln wir geradeaus auf eine Betonpiste (Ww. »Gorge Diktamoy«), halten uns an einer Weggabelung rechts und wandert an einem Kirchlein vorbei. Wir marschieren zwischen der Dorfkirche und einer Taverne gerade durch und folgen dem be-

Durch die Diktamos-Schlucht 21

tonierten Feldweg bis vor das Flußbett. Hier auf Schotterweg nach links (Ww. »Gorge Diktamoy«, blauer Pfeil) und nach ca. 30 Metern schräg rechts durch das Kiesbett. Am rechten Ufer finden wir den Wanderweg (ab hier blau markiert), der am Flußlauf entlang durch Orangenhaine in die Schlucht hinein führt. An die zwei Stunden wandern wir stets im Grund der teilweise dicht bewachsenen Schlucht bis zu ihrem unteren Ausgang. Beim ersten eingezäunten Feld rechts über dem Bachbett Vorsicht! Hier läuft links (Steinmänner) ein unauffälliges Weglein durch dichte Vegetation zu einem Olivenhain hinauf, durch den eine Wegspur nach rechts führt. Ihr folgen wir bis zu einem Feldweg, der uns durch ein Gatter zu einigen Häusern leitet. An dieser Stelle wechseln wir geradewegs auf das Zufahrtssträßchen, das uns vorbei an einem zweiten Weiler nach ca. 15 Minuten zur Straße nördlich von Stilos führt. Links versetzt beginnt jenseits der Straße der Abstecher zur Kirche. An der Straße entlang nach rechts erreichen wir nach kurzem Marsch das Dorf Stilos.

Schluchtwanderung von unten nach oben

Am Beginn des zweiten Weilers auf dem Fahrweg linkshaltend durch die Häuser. Nach einem Neubau zur Linken geradewegs auf einen Feldweg und durch ein Tor in einen Olivenhain. Nun

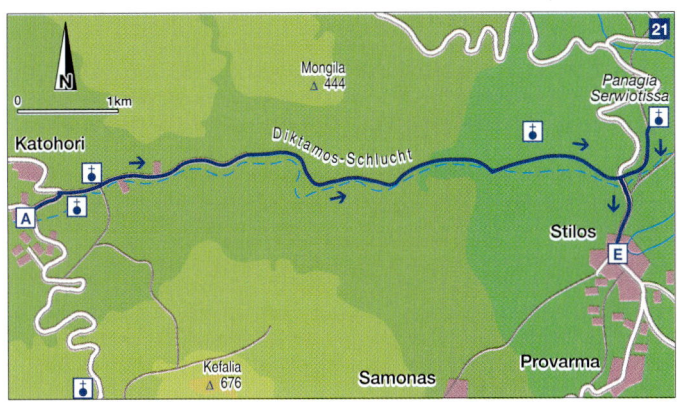

folgen wir geradeaus einer Wegspur, bis sie kurz vor dem Schluchtbeginn steil links unter Bäumen hindurch in das Flußbett hinab führt. Im Flußbett oder auf einem Weglein rechts oder links davon (rote und blaue Markierungen und Steinmänner) können wir jetzt permanent immer schluchtaufwärts wandern. Nach halber Strecke weitet sich die Schlucht, wird aber bald wieder enger. Vom oberen Schluchtausgang kehren wir dann auf demselben Weg wieder zum Ausgangspunkt zurück.

Abstecher zur Panagia-Serwiotissa-Kirche

An der Stelle, an der man am Ende der Wanderung die rechts nach Stilos führende Hauptstraße erreicht, beginnt schräg links gegenüber eine Sandstraße. Auf ihr bis zu einer Weggabelung neben einem Bachlauf. Links auf Sandstraße einige hundert Meter durch die Olivenhaine, bis rechts ein Feldweg zur schon sichtbaren Kirche abgeht. Die arg vernachlässigte ehemalige **Klosterkirche** wird zu den architektonisch gelungensten Sakralbauten Kretas gezählt. Sie wurde im 11. und 12. Jahrhundert erbaut, als das Gebiet von Stilos dem Kloster von Patmos geschenkt wurde. Über dem Südportal ist eine antike Schriftplatte eingemauert. Im Innenraum findet man spärliche Freskenreste.

Informationen zur Tour

Ausgangsort
Katohori oder Stilos im Hügelland südwestlich von Hania.

 ### Anfahrt
Mit eigenem Fahrzeug: In Neo Horio, das an der alten Nationalstraße von Rethimnon nach Hania liegt, nach Stilos abzweigen. Nach kurzer Fahrt auf der Hauptstraße geradewegs durch Stilos. Etwa ein Kilometer nördlich von Stilos zweigt von der Hauptstraße kurz nach einem Flußbett eine betonierte Straße ab (Ww. »Gorge Diktamoy«). Auf dieser Straße aufwärts zu einem Weiler und geradewegs weiter bis zu ihrem Ende vor einer zweiten Häuseransammlung (kurz zuvor bei einem Feldwegabzweig zur Linken gute Parkmöglichkeit).
Bus: Von Hania mit dem Frühbus in Richtung Kambi (6 Uhr, einzige Verbindung) und in Katohori an der Haltestelle vor der Brücke aussteigen. Rückfahrt von Stilos nach Hania mehrmals täglich. Bei zu langer Wartezeit kann man von Stilos in ca. 20 Minuten nach Neo Horio

Durch die Diktamos-Schlucht 21

Am Ende der Wanderung lohnt sich ein kulturgeschichtlich interessanter Abstecher zur Panagia-Serwiotissa-Kirche.

mit besseren Busverbindungen wandern.
Taxi: In Hania und am Flughafen von Hania.
Fahrzeugverleih: In Kalives, Hania und am Flughafen von Hania.

 Einkehrmöglichkeiten

In Katohori und in Stilos.

 Unterkünfte

In Hania Unterkünfte aller Kategorien und eine Jugendherberge. Preiswerte und mittelklassige Unterkünfte nordöstlich von Stilos an der Küste rund um Kalives.

 Auskunft

Hania, städtisches Informationsbüro, Sifaka Str. 22 (nahe dem Hafen, geöffnet Mo – Fr 7.30 – 14 Uhr) und Kriari Str. 40, Tel. 08 21/9 29 43 (Hauptbüro, geöffnet Mo – Fr 8.15 – 15 Uhr).

Weitere Sehenswürdigkeiten

In Stilos eine byzantinische Kirche am Ortseingang; südwestlich von Stilos (Zufahrt von Stilos über Samonas) die Agios-Nikolaos-Kirche von Kiriakoselia aus dem 12. Jh. mit schönen Fresken aus dem 13. Jh.; nördlich von Stilos oberhalb der Nationalstraße das Ausgrabungsgelände der 1400 v. Chr. gegründeten Stadt Aptera, die in griechischer, römischer und byzantinischer Zeit von Bedeutung war und 1600 n. Chr. von den Türken zerstört wurde.

22 Zu den Klöstern auf der Halbinsel Akrotiri

Tourenlänge
4 km

Durchschnittliche Gehzeit
2 ½ Std.

Etappen
Moni Gouverneto – Bärenhöhle 20 Min. – Katholiko 15 Min. – Kiesstrand 25 Min. – Moni Gouverneto 1 ½ Std.

Steigungen
300 m

Interessantes am Weg
Kloster Moni Gouverneto, die Bärenhöhle und das Kloster Katholiko.

Wegcharakter
Eine einfache und aussichtsreiche Wanderung auf altem Weg. Das ganze Jahr über möglich.

Wegmarkierungen
Keine, aber der Weg ist nicht zu verfehlen.

Die sanftwellige Akrotiri-Halbinsel beschließt im Norden ein mächtiger Bergriegel, auf dem mehrere Klöster zu finden sind. An seinem Südfuß liegt das Kloster Agia Triada, das nach seinem Gründer auch Moni Tzangarolou genannt wird. Gestiftet von einem venezianischen Edelmann, wurde Anfang des 17. Jahrhunderts mit dem Bau begonnen. Die im venezianischen Stil errichtete Anlage besticht durch das monumentale Eingangstor, einen schlanken Campanile und die eindrucksvolle Kuppelkirche auf dem Innenhof. Die Ausstattung und Fresken in der Kirche stammen großteils aus dem 19. und 20. Jahrhundert. Das kleine Klostermuseum zeigt wertvolle Kunstschätze. Bemerkenswert ist ein Baum auf dem Klosterhof, der vier verschiedene Zitrusfrüchte trägt.

Von Agia Triada leitet eine Straße zum hoch in den Bergen gelegenen Kloster Gouverneto hinauf. Wie eine Festung wirkt die 1537 erbaute Anlage. Rund um den Klosterhof und an der Fassade der im 17. Jahrhundert erbauten Klosterkirche bestechen die eigenwilligen Steinmetzarbeiten. Im kleinen Klostermuseum ist wertvolle byzantinische Sakralkunst zu sehen.

Hinter dem Kloster führt der grob gepflasterte, von den Sohlen der vielen Begeher glattpolierte Weg Richtung Meer hinab. Nach ca. 20 Minuten liegen rechts des Weges einige Ruinen, hinter denen sich die Bärenhöhle

Zu den Klöstern auf der Halbinsel Akrotiri 22

verbirgt. In den Eingang wurde im 16. Jahrhundert eine Marienkapelle gebaut. Ihren Namen verdankt die Höhle einem mächtigen Stalagmit, der einem Bären ähnelt. Die Bärenhöhle diente schon den Menschen der Steinzeit als Kulthöhle und wurde später auch während der gesamten minoischen Epoche aufgesucht. In römischer Zeit wurde hier Artemis verehrt.

Der weitere Abstiegsweg ist bedeutend ruhiger, da viele Wanderer an der Bärenhöhle kehrtmachen. Der gepflasterte Weg zieht weiter rechts den Hang abwärts und führt dann links in die Schlucht hinab. Links des Weges findet man kurz vor der Klosterruine von Katholiko die Höhle des Eremiten Johannes, die über 100 Meter in den Berg führt. In ihr lebte und starb im 10. Jahrhundert der heilige Johannes. An seinem Namenstag, dem 7. Oktober, führt alljährlich eine Wallfahrt vom Kloster Gouverneto zur Johanneshöhle herab.

Wenige Schritte weiter gelangen wir zu den Bauten des ehemaligen Klosters Katholiko. Vor der Höhlenkirche ragt ein venezianisches Portal mit zwei Türmchen auf. Im 16. Jahrhundert wurde Katholiko wegen der ständigen Piratenüberfälle aufgegeben. Die Mönche, die zum Teil in den Grotten rund um das Kloster gelebt hatten, siedelten in das Kloster Gouverneto über. Besonders eindrucksvoll ist ein mächtiger Brückenbogen, der die tiefe Schlucht überspannt. Wir gehen auf der Brücke zur anderen Talseite und finden ein Weglein, das rechts steil zum Bachbett hinab führt. Zwischen senkrechten Felswänden wandern wir jetzt im Grund der engen Schlucht zur felsigen Küste hinaus. Dort sind am Kiesstrand noch spärliche Reste der alten Anlegestelle von Katholiko zu sehen. Vom Meer kehren wir auf demselben Weg zum Ausgangspunkt zurück.

Informationen zur Tour

 Ausgangsort

Das Kloster Gouverneto in den Bergen der Halbinsel Akrotiri.

 Anfahrt

Mit eigenem Fahrzeug: Von Hania auf der zum Flughafen ausgeschilderten Straße auf die Halbinsel Akrotiri. Nun entweder über die Dörfer Kounoupidiana und Kambani oder direkt am Flughafen vorbei zum Kloster Agia Triada. Am Kloster auf schlechter Straße nach links (Ww. »Gouverneto«). Die Straße wird bald besser und führt aufwärts durch eine Schlucht bis zum Kloster Gouverneto. Am großen Parkplatz im Sattel neben dem Kloster beginnt der Wanderweg.
Bus: Ein- bis zweimal täglich Busse von Hania zum Kloster Agia Triada. Mehrmals täglich Busse von Hania nach Hordaki (an der zum Kloster abgehenden Straße aussteigen). Vom Kloster Agia Triada entlang der Fahrstraße in ca. einer Stunde zum Kloster Gouverneto.
Taxi: In Hania und am Flughafen von Hania.
Fahrzeugverleih: Hania und am Flughafen von Hania.

 Einkehrmöglichkeiten

Keine.

 Unterkünfte

In Hania Unterkünfte aller Kategorien und eine Jugendherberge.

 Öffnungszeiten

Kloster Agia Triada: täglich 7.30 – 14 und 17 – 19 Uhr.
Kloster Gouverneto: täglich 8 – 12 und 15 – 19 Uhr.

 Auskunft

Hania, städtisches Informationsbüro Sifaka Str. 22 (nahe dem Hafen, geöffnet Mo – Fr 7.30 – 14 Uhr) und Kriari Str. 40, Tel. 08 21/9 29 43 (Hauptbüro, geöffnet Mo – Fr 8.15 – 15 Uhr).

 Weitere Sehenswürdigkeiten

Die venezianisch-türkische Altstadt von Hania.

Das beeindruckende Kloster Agia Triada wurde im 17. Jahrhundert im venezianischen Stil erbaut.

23 Küstenspaziergang bei Falassarna

Tourenlänge

5 km

Durchschnittliche Gehzeit
1 3/4 Std.

Etappen

Ausgrabungsgelände – Klippenberg 1 Std. – Ausgrabungsgelände 45 Min.

Steigungen

150 m

Interessantes am Weg

Die Ausgrabungen der griechisch-römischen Hafenstadt Falassarna.

Wegcharakter

Eine einfache Wanderung auf schmalem Weg mit herrlichen Ausblicken über die Westküste der Halbinsel Gramvousa. Das ganze Jahr über möglich, bei der Streusiedlung Falassarna langgezogener, wunderschöner Sandstrand.

Wegmarkierungen

Einige Steinmänner.

Eignung für Kinder

Für Kinder besonders geeignet.

In nachminoischer Zeit wurde an der Westküste Kretas die nach einer Nymphe benannte Hafenstadt Falassarna gegründet. Die von einer Mauer umgebene Stadt hatte von griechischer bis in römische Zeit einige Bedeutung und prägte eigene Münzen. Ca. um 300 n. Chr. verschoben einschneidende geologische Ereignisse die kretische Küstenlinie. Der Osten Kretas sank um mehrere Meter ab, und einige Hafenstädte wurden vom Meer überschwemmt (siehe Tour 8). Im Gegensatz dazu wurde Westkreta gehoben. In Falassarna stieg das Land über sechs Meter aus dem Meer. Das Hafenbecken fiel trocken und die Stadt wurde im 4. Jahrhundert von den Bewohnern verlassen.

Kurz vor dem Ausgrabungsgelände durchqueren wir einen Olivenhain, in dem sich die Nekropole von Falassarna mit unzähligen Grabstätten versteckt. Links der Schotterstraße steht der aus gewachsenem Fels geschlagene Thron, der möglicherweise eine Götterstatue trug. Nach kurzer Wegstrecke weist uns links ein Schild zum Ausgrabungsgelände von Falassarna. Wir stoßen als erstes auf einen Wachturm der alten Hafenbefestigungen. Nach links lief ein in den Fels geschlagener Kanal, durch den die Schiffe in

Nördlich von Falassarna läuft unser Weg an der bizarren Westküste der Gramvousa-Halbinsel entlang.

den Hafen einfuhren. Das antike Hafenbecken zur Rechten ist durch einige Befestigungsmauern gekennzeichnet, die sich bis kurz vor die weiße Kapelle ziehen. Deutlich sind die Stützmauern und Hausfundamente zu erkennen, die auf dem steilen Hang hinter der Kapelle das eigentliche Stadtgebiet verdeutlichen. Hier findet man aus dem Fels gehauene Zisternen und die Reste der Akropolis.

Von der **weißen Kapelle** wandern wir auf dem Zufahrtsweg nach rechts und stoßen bald auf den Hauptweg. Auf ihm links unterhalb mächtiger alter Mauern zu einer Bucht und in Kurven bis zu seinem Ende vor einem eingezäunten Feld. Durch ein Tor auf das Feld und auf dem deutlichen Weglein geradewegs weiter. Nach 200 Metern auf dem sanft ansteigenden Weg geradeaus durch den Hang auf einen quadratischen **Felsturm** zu. Wir wandern eben unterhalb des Turmes vorbei, queren ein Bachbett und folgen dem Weg, der nun steiler über einen runden Bergrücken aufwärts führt. Unterhalb des Felsgürtels schwenkt der Pfad nach links. Wir steigen in eine Scharte hinauf, die zwischen dem felsigen Hügel rechts und dem mächtigen Klippenberg, der links mit senkrechten Wänden zum Meer abbricht, liegt.

Hier erreichen wir eine kleine Ebene. Links hinauf sind es zwischen Felstürmen hindurch lediglich wenige Schritte bis auf den Kamm des **Klippenberges**, von dem wir eine herrliche Sicht nach Süden auf die Bucht von

Küstenspaziergang bei Falassarna 23

Falassarna haben. Geradewegs eine sanfte Mulde bergab können wir noch bis an den Abbruch zum Meer wandern. Hier liegt die wilde Westküste der felsigen Halbinsel Gramvousa vor uns. Der Pfad führt nur noch kurz an der Abbruchkante entlang, ehe er in einem steil zum Meer abfallenden Graben endet.

Zurück nach Falassarna folgen wir wieder demselben Weg, auf dem wir in einer Stunde hierher aufgestiegen sind.

Informationen zur Tour

Ausgangsort
Falassarna an der Westküste der Halbinsel Gramvousa.

Anfahrt
Mit eigenem Fahrzeug: Von Kastelli auf der Hauptstraße nach Westen bis in den Ort Platanos. Dort rechts nach Kavoussi und rechts zur Küste hinab. Geradeaus auf der Hauptstraße durch die Streusiedlung Falassarna nach Norden. Die Straße geht nach den letzten Häusern geradewegs in einen Feldweg über. Auf ihm, vorbei an einem großen, antiken Steinthron, zum Hinweisschild »Archeological Site of Phalasarna«, das auf das nahe Ausgrabungsgelände zur Linken hinweist. Hier verschiedene Parkmöglichkeiten.

Bus: Von Kastelli täglich zwei Busse nach Falassarna.

Ausgezeichnete Busverbindungen zwischen Kastelli und Hania und ca. sechsmal täglich Busse zwischen Kastelli und Paleochora.

Taxi: In Kastelli.

Fahrzeugverleih: In Kastelli.

Einkehrmöglichkeiten
In Falassarna.

Unterkünfte
In Falassarna mehrere preiswerte Hotels und Pensionen, z. B. Aqua Marine, Tel. 08 22/4 14 14 oder 2 20 03.

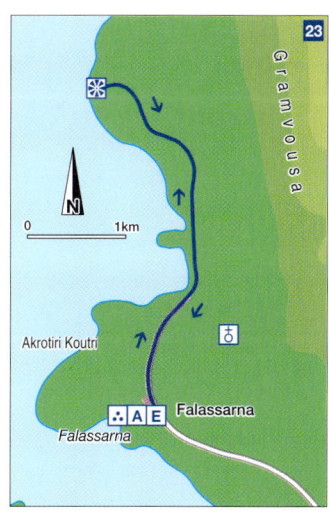

24 Die Tsikhliana-Schlucht und Polyrinia

 Tourenlänge
12 km

 Durchschnittliche Gehzeit
4 ½ Std.

 Etappen
Polyrinia – oberes Ende der Tsikhliana-Schlucht 1.45 Std. – Polyrinia 1.45 Std. – dorische Bergstadt 40 Min. – Polyrinia 25 Min.

 Steigungen
320 m

 Interessantes am Weg
Die Tsikhliana-Schlucht; die dorische Bergstadt Polyrinia.

 Wegcharakter
Zwei Touren mit unterschiedlichem Charakter:
Von Polyrinia auf gutem Weg durch die landschaftlich reizvolle Tsikhliana-Schlucht (3 ½ Std. hin und zurück).
Von Polyrinia auf den aussichtsreichen Stadthügel der dorischen Siedlung Polyrinia (ca. 1 Std. hin und zurück).

 Wegmarkierungen
In der Schlucht rote Markierungen.

Von Polyrinia in die Tsikhliana-Schlucht

Von der Hauptstraße führt am Ortsanfang von Polyrinia unmittelbar vor dem ersten Haus ein Weg abwärts zu einer nahen Schotterstraße. Wir wandern auf ihr links bis zu einer Weggabelung vor dem kleinen Schulgebäude. Die Markierungen des E4 weisen hier nach rechts. Wir folgen jedoch der asphaltierten Straße links hinab. Nach einigen Minuten wird sie an den untersten Häusern wieder zur Schotterstraße. Ca. 200 Meter weiter erreichen wir nahe dem Talgrund eine Weggabelung. Hier halten wir uns rechts und wandern auf dem sanft ansteigenden Hauptweg rechts des Bachbettes gerade durch. Nach einigen Minuten ist vor uns der nahe Schluchtbeginn auszumachen. Dort folgen wir nicht dem rechts aufwärts schwenkenden Hauptweg, sondern gehen auf Schottersträßchen durch ein Gatter geradeaus auf die Schlucht zu.

Nach einem Pumpenhaus beginnt der schmale, rot markierte Weg. Das Tal weitet sich wieder, und nach fünf Minuten überqueren wir ein altes, steingepflastertes Bogenbrückchen. Das deutliche Weglein steigt rechts hinauf an und leitet uns auf der

Die Tsikhliana-Schlucht und Polyrinia 24

linken Talseite in die herrliche, von Steilwänden überragte Schlucht. Unzählige Veilchen blühen im Herbst neben dem Weg.

Über eine Stunde sind wir seit der Bogenbrücke durch die Schlucht gewandert, bis der Weg am oberen Schluchtausgang auf das rechte Ufer wechselt. Hier machen wir kehrt und wandern zurück nach Polyrinia.

Von Polyrinia zur dorischen Bergstadt Polyrinia

Im Gegensatz zu den Minoern suchten die Dorer für ihre Siedlungen geschützte Bergkuppen im Landesinneren, die sie mit starken Mauern befestigten (siehe Tour 7). An den Küsten legten sie Häfen an, die wirtschaftlich eng mit den Bergstädten verflochten waren. Die erste dorische Stadt auf Kreta war das im 8. Jahrhundert v. Chr. erbaute Polyrinia. Aus der zugehörigen Hafenstadt Kissamos wuchs später das Städtchen Kastelli. Von der ehemals großen Stadt Polyrinia, die sich vom heutigen Dorf bis zum höchsten Punkt des Hügels zog, sind nur noch Grundmauern und Teile der starken Umfassungsmauer erhalten. Die Wanderung lohnt allerdings nicht nur wegen der Zeugen antiken Lebens, sondern auch aufgrund des überwältigenden Ausblicks.

Vom Ortseingang von Polyrinia gehen wir, vorbei an einer Taverne und den Resten eines römischen Aquädukts, auf dem Hauptweg durch das Dorf. Zehn Meter nach einem Kafenion zur Rechten biegen wir links in einen betonierten Weg und halten uns nach weiteren zehn Metern rechts. Nach wenigen Metern

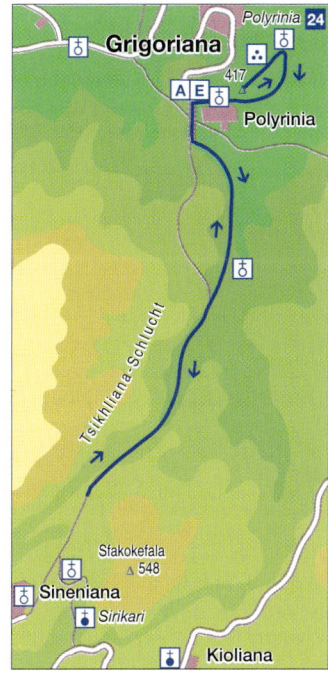

Ein einfach zu begehender Weg führt von Polyrinia in die nur zu Beginn von sanften Hängen eingefaßte Tsikhliana-Schlucht.

links auf einen Treppenweg, der uns steil durch das Dorf nach oben führt.
Oberhalb der Häuser gehen wir auf dem Plattenweg links an einem kleinen Bildstock vorbei und steigen zwischen Konglomeratfelsen zur Kirche hinauf, die zum Teil aus antikem Baumaterial errichtet wurde. Wir folgen hier der Schotterstraße nach rechts. Nach ca. 250 Metern wandern wir an einer Weggabelung auf einem Feldweg links auf die Bergkuppe zu (oranger Punkt). Der Weg schwenkt vor dem felsdurchsetzten Gipfelhang nach rechts und geht in einen schmalen Steig über. Wir queren eben durch den Hang und erreichen nach einem kurzen Anstieg eine Kapelle. Vor der Kapelle halten wir uns links. Das orange markierte Weglein schlängelt sich an Gebäuderesten und mächtigen Verteidigungsmauern vorbei auf die Gipfelhochfläche.
Den höchsten Punkt, auf dem einst die Akropolis des antiken Polyrinia stand, markieren ein Vermessungszeichen und ein Kreuz. Vom Hochflächenrand haben wir eine herrliche Aussicht auf das Bergland, in das sich die Tsikhliana-Schlucht einschnei-

Die Tsikhliana-Schlucht und Polyrinia

det, und zur Nordküste mit ihren langgestreckten Halbinseln.

Informationen zur Tour

 Ausgangsort
Das Bergdorf Polyrinia liegt 7 Kilometer südlich von Kastelli.

 Anfahrt
Mit eigenem Fahrzeug: Im Stadtzentrum von Kastelli auf die nach Polyrinia ausgeschilderte Straße abzweigen und bis zu ihrem Ende am Ortsrand von Polyrinia.
Bus: Zweimal täglich Busse von Kastelli nach Polyrinia.
Ausgezeichnete Busverbindungen zwischen Kastelli und Hania und ca. sechsmal täglich Busse zwischen Kastelli und Paleochora.
Taxi: In Kastelli.
Fahrzeugverleih: In Kastelli.

 Einkehrmöglichkeiten
In Polyrinia.

 Unterkünfte
In Grigoriana (ein Kilometer unterhalb von Polyrinia) eine preiswerte Pension.
In Kastelli größere Auswahl an preiswerten und mittelklassigen Unterkünften.

Von der Hochfläche, auf der noch Grundmauern des antiken Polyrinia erhalten sind, bietet sich ein herrlicher Blick auf die Küste.

25 Von Azogires über Anidri nach Paleochora

Tourenlänge
10 km

Durchschnittliche Gehzeit
3 ¼ Std.

Etappen
Azogires – Anidri 1 ¼ Std. – Küste 50 Min. – Paleochora 1 Std.

Steigungen
80 m

Interessantes am Weg
In Azogires die Höhlenkirche mit kleinem Museum; in Anidri die Agios-Georgios-Kirche mit sehenswerten Fresken.

Wegcharakter
Eine einfache Wanderung bergab im einsamen Küstenhinterland. Nur in der Schlucht unterhalb Anidri ist der Weg etwas beschwerlicher. Das ganze Jahr über möglich, an der Küste ausgezeichnete Bademöglichkeiten.

Wegmarkierungen
Abwechselnd blaue und rote Markierungen.

In einem grünen Tal hoch über der Küste liegt das Dörfchen Azogires. Der Legende nach ließ sich hier der heilige Johannes mit seinen Gefolgsleuten, den »Heiligen Vätern«, nieder, nachdem sie in Ägypten und Kleinasien missioniert hatten. Johannes wechselte später auf die Halbinsel Akrotiri (siehe Tour 22) über. Als er dort versehentlich von einem Bauern erschossen wurde, starben am selben Tag in Azogires die »Heiligen Väter«. Hoch über dem Ort liegt die Höhle des heiligen Johannes, in der die Heiligen Väter verschieden sein sollen.

In Azogires gehen wir auf der Schotterstraße an den Tavernen vorbei durch den Ort, der von schattigen Wäldern und alten Olivenhainen umgeben ist. Nach kurzer Wegstrecke biegt unterhalb des einfachen Hotels Alfa die Straße nach links. Dort beginnt an einem Strommast mit roter Markierung ein schmaler Steig, der zwischen knorrigen Oliven abwärts führt. Er wird zum Pflasterweg, und nach wenigen Minuten stoßen wir auf einen breiten Weg. Wir gehen auf einer Brücke links über den Bach und dann an seiner linken Seite talabwärts bis zur nahen Höhlenkirche Agii Pateres, die in eine steile Felswand gebaut ist. Hier sollen die »Heiligen Väter« gelebt haben, bevor sie in die höhergelegene Johanneshöhle umgezogen sind. In der

Von Azogires über Anidri nach Paleochora 25

Kirche findet man einige wertvolle Ikonen. An das Gotteshaus schließt ein kleines historisches Museum an (Besichtigung nur nach Anfrage oben im Dorf). Nach der Kirche finden wir die Fortsetzung des Weges, der uns links hinauf führt. Vor einer Ruine halten wir uns rechts und folgen dem ebenen Weglein. Nach einem Gatter nehmen wir den rechten, sanft abwärts führenden Pfad. Von einer weiteren Ruine steigt der Weg durch den am Vormittag beschatteten Hang leicht an. Wir erreichen eine Weggabelung und gehen auf dem besseren rechten Steig weiter.
Bald zwingen uns helle Kalkfelsen zu einem kurzen Anstieg, ehe der nun stellenweise verwachsene, aber gut kenntliche Weg abwärts zu einigen Grundmauern führt. Ein blauer Pfeil leitet uns rechts um die Ruine. Nach ca. einer Stunde wird der Blick auf das blaue Meer frei, und wir erreichen einen breiten Schotterweg. Er führt uns nach einigen hundert Metern auf eine Kuppe. Unser Weg schwenkt hier vor einem Olivenbaum nach rechts. Wir gehen geradewegs über eine kleine Ebene und auf dem am breitesten ausgetretenen Weg durch eine Zaunlücke. Der Steig schwenkt bald nach links und führt uns durch den

Auf halbem Weg von Azogires zur Küste liegt das Bergnest Anidri mit der Agios-Georgios-Kirche.

105

Hang sanft abwärts. An einer Weggabelung kurz vor einem **Wasserbassin** gehen wir geradeaus durch die Olivenhaine, bis wir eine Schotterstraße erreichen (rote Markierungen).
Wir folgen ihr links hinauf zu einem **Häuschen**. Wir bleiben auf der groben Schotterstraße, die nach wenigen Minuten in Kurven abwärts führt. Sie wird dann für wenige Meter flach, und an der nächsten Linkskurve biegen wir rechts auf einen deutlichen Wanderweg ein (ab hier blau und rot markiert). Wir wandern auf ihm sanft abwärts durch herrliche Olivenhaine bis zum ersten Haus von **Anidri**. Wir gehen rechts am Haus vorbei und dann auf einem Betonweg rechts zur Teerstraße hinab. Auf ihr kurz nach links und direkt vor einem **Kafenion** mit herrlicher Aussichtsterrasse rechts hinein. Nach wenigen Metern wieder rechts halten und durch eine schmale Gasse zur **Kirche Agios Georgios**. Das äußerlich schlichte Kirchlein überrascht im Inneren durch seinen reichen Freskenschmuck. Geschaffen wurden die Fresken im Jahre 1323 von Ioannis Pagomenos, einem berühmten kretischen Künstler. Vom Eingang zur Kirche gehen wir noch wenige Meter abwärts und daraufhin rechts auf einem Betonweg an einem Haus vorbei. Nach einhundert Metern halten wir uns an einer Kreuzung links und wandern bis zum Ende des betonierten Weges hinab. An der folgenden Weggabelung gehen wir rechts hinab (Ww. »Beach« und rote Markierung) in den Talgrund. Wir folgen dem anfangs stark überwachsenen Bachbett nach rechts (blauer Punkt). Der Weg wird bald besser und führt uns durch das breite Kiesbett und über rund geschliffene Felsblöcke zu einer Steilstelle, die rechts umgangen wird. Vor dem nächsten Abbruch weichen wir wieder nach rechts aus, und am dritten Steilabfall klettern wir links vorbei. Nach einigen leichten Kraxeleien ist das Bachbett, das von senkrechten Wänden überragt wird, wieder leicht zu begehen. Bald sehen wir auf das Meer hinaus. Wir folgen, nachdem sich das Tal öffnet, dem Schotterbett bis zu einer gelb-schwarzen Markierungsstange. Linkshaltend können wir nach wenigen hundert Metern einen herrlichen **Sandstrand** erreichen.
Der Rückweg zweigt wenige Meter vor der Markierungsstange bei großen Steinmännern rechts ab. Wir folgen einem schmalen Weg (ab hier gelb-schwarze Markierungen des E4) und steigen bald steil durch einen felsigen Hang aufwärts. Anfangs

Von Azogires über Anidri nach Paleochora

eben und zum Schluß durch eine Felsflanke ansteigend führt uns der gute Weg zum nächsten Strand. Hier beginnt ein Fahrweg, der uns nahe der Küste bis zu einer Teerstraße leitet. Auf ihr wandern wir links, vorbei am Campingplatz, in das nahe Paleochora.

Informationen zur Tour

 Ausgangsort
Azogires, 8 Kilometer nordöstlich von Paleochora.

 Anfahrt
Mit eigenem Fahrzeug: Drei Kilometer nördlich von Paleochora auf die nach Azogires ausgeschilderte Straße. Auf der nur anfangs asphaltierten Straße bis zu den wenigen Häusern von Azogires.
Bus: Mo – Fr frühmorgens (ca. 6 Uhr) ein Bus, der von Paleochora über Azogires nach Hania fährt. Mehrmals wöchentlich ein Bus, der von Paleochora über Azogires zur Samaria-Schlucht fährt.
Mehrmals täglich Busse von Hania und von Kastelli nach Paleochora.
Schiff: Von April bis Oktober tägliche Schiffsverbindungen von Paleochora über Sougia nach Agia Roumeli, dort Umsteigemöglichkeit nach Hora Sfakion.

Taxi: In Paleochora.
Fahrzeugverleih: In Paleochora.

 Einkehrmöglichkeiten
In Azogires, Anidri und Paleochora.

Unterkünfte
In Azogires das preiswerte Hotel Alfa.
In Paleochora große Auswahl an Unterkünften aller Kategorien und ein Campingplatz.

 Auskunft
Informationsbüro im Rathaus von Paleochora.

Die äußerlich bescheidene Agios-Georgios-Kirche in Anidri besticht im Inneren durch Fresken aus dem Jahr 1323.

26 Von Sougia über Lisos nach Paleochora

 Tourenlänge
14 km

 Durchschnittliche Gehzeit
4 3/4 Std.

 Etappen
Sougia – Lisos 1 1/2 Std. – Paleochora 3 1/4 Std.

 Steigungen
400 m

 Interessantes am Weg
In der Dorfkirche von Sougia ein frühchristliches Bodenmosaik; die Ausgrabungen im antiken Lisos.

 Wegcharakter
Eine einfache, aber lange Wanderung entlang der einsamen Südwestküste Kretas. Das ganze Jahr über möglich, im Sommer sehr heiß. Gute Bademöglichkeiten.

 Wegmarkierungen
Rote, blaue, gelbe und grüne Punkte und gelb-schwarze E4-Markierungen.

Am Fuße wilder Berge liegt inmitten einer herben Küstenlandschaft die Bucht von Sougia.

Syia hieß der Ort in der Antike und war einer der beiden Häfen der nördlichen im Bergland versteckten Stadt Elyros. Erhalten blieb in Sougia in und neben der neuen Kirche der wunderschöne Mosaikboden einer frühchristlichen Basilika aus dem 6. Jahrhundert. Unsere Wanderung beginnen wir an der Hafenmole von Sougia, die am Westende der Bucht liegt. Wir gehen von der Anlegestelle zur Straße und auf ihr nach links. Am kleinen Hafenbecken entlang gelangen wir nach wenigen Metern zu einer Schlucht, in der der Weg rechts hinaufführt (rote Markierungen). Etwa zehn Minuten nach einer überhängenden Wand an der rechten Schluchtseite führt uns ein Weg links aus dem Tal (gelber Farbpunkt). Unter Aleppokiefern steigen wir auf einem alten Maultierpfad in Serpentinen aufwärts.

Der Weg wir bald schmaler und steiler und leitet uns auf eine Hochebene, die wir geradewegs überqueren. An ihrem westlichen Rand liegt unter uns das Tal von Lisos.

Dort finden wir wieder einen alten, gepflasterten Maultierpfad, auf dem wir in Serpentinen durch die steile Flanke absteigen (verschiedenfarbige Markierungen und Steinmänner). Der

Von Sougia über Lisos nach Paleochora 26

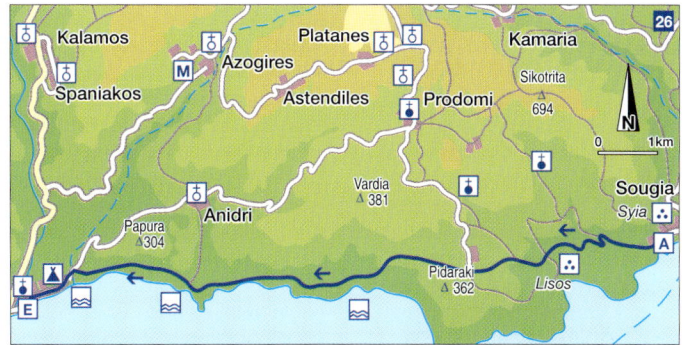

Weg leitet bald nach rechts bis vor das eingezäunte Asklepios-Heiligtum von Lisos.
In der Antike war Lisos, das heute vollständig verlassen ist, Hafenort für die Bergstadt Elyros und besaß eine bedeutende Heilquelle. Ausgegraben wurden Reste der griechischen, römischen und byzantinischen Stadt. Neben den teils überwucherten Grundmauern von Wohnhäusern und öffentlichen Gebäuden verdient das eingezäunte Asklepios-Heiligtum besonderes Interesse. In dem aus mächtigen Quadern gefügten Bau findet man ein schönes römisches Fußbodenmosaik. Weiter westlich, oberhalb des Wärterhäuschens, steht eine mit Fresken aus dem 14. Jahrhundert geschmückte Panagia-Kapelle, die auf den Grundmauern einer frühchristlichen Basilika erbaut wurde.
Wir steigen am Zaun des Asklepios-Tempels entlang in den Talgrund und gehen dann links zum nahen weißen Wärterhäuschen. Hier halten wir uns rechts und durchqueren nach wenigen Metern ein Bachbett (E4-Schild). Wir gehen links an einem kleinen Gebäude vorbei und steigen dahinter der Wegspur folgend geradewegs den Hang hinauf, bis wir nach ca. 100 Metern auf einen kreisrunden Dreschplatz stoßen. Rechts davon wird der mit verschiedenen Farbpunkten gekennzeichnete Weg deutlicher. Wir ignorieren die links abwärts führenden Steigspuren und wandern rechtshaltend aufwärts auf einen Taleinschnitt zu. Der Weg wird steiler und führt uns rechts einer Schlucht bergan.

Die brütende Mittagshitze läßt uns immer wieder anhalten und den herrlichen Blick über das grüne Tal von Lisos auf das endlose Meer genießen. Bald läuft der Weg links in das sanfte Tal, das die obere Fortsetzung der Schlucht bildet. Durch buschbewachsenes Karstgelände folgen wir dem hier meist gelb markierten Weg bis auf eine baumlose Hochebene. Wir erreichen eine Wegkreuzung und wechseln geradewegs auf eine Schotterstraße. Nach 10 Minuten geht der Fahrweg am westlichen Rand der Hochebene in einen Wanderweg über, der links zur Abbruchkante leitet.

Wir können nun den restlichen Weg bis zur Halbinsel von Paleochora überblicken. Anfangs sanft und dann steiler abwärts wandern wir zu einer einsamen Kiesbucht. In leichtem Auf und Ab folgen wir der Küstenlinie. Kurz nach einer kleinen Sandbucht gehen wir an einer Weggabelung links in Richtung Meer. Bald wandern wir nahe dem Meer weglos durch ein Gewirr aus großen und kleinen Fels-

Die mächtigen Quadermauern des Asklepios-Heiligtums in Lisos umschließen ein römisches Fußbodenmosaik.

Von Sougia über Lisos nach Paleochora

blöcken und achten sorgsam auf die gelben Markierungen und Steinmänner. Am Ende der zweiten Bucht steigen wir hinauf zur Abbruchkante und finden die Fortsetzung des Weges. Der deutliche Steig ist jetzt mit schwarz-gelben Stangen gekennzeichnet und führt uns zu einem herrlichen Sandstrand. Jenseits der Sandsichel finden wir eine Markierungsstange, von der wir durch ein Bachbett in das Landesinnere wandern. 30 Meter nach der nächsten Markierungsstange verlassen wir bei großen Steinmännern das Bachbett nach links und folgen dem Weglein bis zu einer Steilflanke, durch die der Weg ein kurzes Stück steil aufwärts führt. Wir wandern hoch über dem Meer durch eine Felsflanke, bis wir zum nächsten Sandstrand absteigen können. Hier beginnt ein Fahrweg, der nahe der Küste nach Westen läuft. Wir treffen auf eine Teerstraße, auf der wir links, vorbei am Campingplatz, bis in das Ortszentrum von Paleochora gehen.

Informationen zur Tour

Ausgangsort

Sougia bzw. Paleochora (mit dem Frühboot nach Sougia) an der Südwestküste Kretas.

Anfahrt

Mit eigenem Fahrzeug: Von der Nordküste auf gut ausgebauter Straße über Kantanos nach Paleochora. Von Paleochora mit einer der Morgenfähren (Abfahrt zwischen 8 und 9 Uhr) nach Sougia.
Bus: Zweimal täglich Busse von Hania nach Sougia.
Mehrmals täglich Busse von Hania und von Kastelli nach Paleochora. Von Paleochora mit einer der Morgenfähren (Abfahrt zwischen 8 und 9 Uhr) nach Sougia.
Schiff: Von April bis Oktober tägliche Schiffsverbindungen von Paleochora über Sougia nach Agia Roumeli, dort Umsteigemöglichkeit nach Hora Sfakion.
Taxi: In Paleochora und Sougia.
Fahrzeugverleih: In Paleochora.

Einkehrmöglichkeiten

In Sougia und Paleochora.

Unterkünfte

In Sougia mehrere Hotels, Pensionen und Privatzimmer der preiswerten und mittleren Kategorie.
In Paleochora große Auswahl an Unterkünften aller Kategorien und ein Campingplatz.

Auskunft

Informationsbüro im Rathaus von Paleochora.

27 Durch die Samaria-Schlucht

Tourenlänge
18 km

Durchschnittliche Gehzeit
5 ½ Std.

Etappen
Omalos-Hochebene – Samaria 3 Std. – Agia Roumeli 2 ½ Std.

Abstieg
1300 m

Interessantes am Weg
In Samaria das Kirchlein Osia Maria; die Sidheroportes (Eiserne Pforte), die engste Stelle der Schlucht; in Agia Roumeli Reste eines Apollon-Tempels, zwei byzantinische Kapellen und ein türkisches Kastell.

Wegcharakter
Eine vielbegangene Bergtour auf teils steilem und steinigem Weg, die aufgrund ihrer Länge keinesfalls unterschätzt werden sollte. In der Schlucht mehrere Trinkwasser-Quellen und am Ende der Tour gute Bademöglichkeiten. Von November bis ca. Anfang Mai ist die Schlucht geschlossen. Die Tour kann in den meisten Touristenorten im westlichen Kreta als organisierter Tagesausflug gebucht werden. Wer die Samaria-Schlucht in Stille genießen will, der sollte am frühen Morgen von Agia Roumeli zur »Eisernen Pforte« hinaufwandern.

Wegmarkierungen
Gelb-schwarze E4-Markierungen, nicht zu verfehlender Weg.

Südlich der Omalos-Ebene, einer großen, fruchtbaren Karstsenke, öffnet sich zwischen den Zweitausendern der Weißen Berge (Levka Ori) eine tief eingeschnittene Pforte. Sie ist die Eingangstür, durch die jedes Jahr Abertausende von Wanderern in die Wunderwelt der Samaria-Schlucht eintauchen. Die Schlucht zählt zu den größten und eindrucksvollsten in Europa und bildet mit ihren steilen, unzugänglichen Bergflanken ein wertvolles Rückzugsgebiet für seltene Tiere und Pflanzen. 1962 wurde die Samaria-Schlucht zum Nationalpark erklärt.
Von jeher faszinierte diese grandiose Naturlandschaft die Menschen, die hier schon früh erste Siedlungen gründeten. Ab dem Mittelalter wurde die schwer zugängliche Schlucht zum Aufmarsch- und Rückzugsgebiet des kretischen Widerstandes gegen die fremden Besatzer. Im 18. und 19. Jahrhundert mußten die Türken bei mehreren Versuchen, die Schlucht in ihre Hand zu bekommen, verlustreiche Niederlagen hinnehmen. Im Zweiten Weltkrieg flohen nach der Besetzung Kretas durch die Deutschen der griechische König Georg II. und der griechische Ministerpräsident durch die Samaria-Schlucht und wurden in Agia Roumeli von einem britischen

Durch die Samaria-Schlucht 27

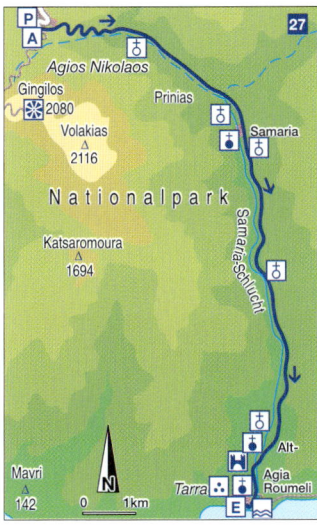

Wir sind nun im Grund der hier noch weiten und waldreichen Schlucht und folgen dem auch im Sommer wasserführenden Bach, der mehrmals gequert wird. Nach insgesamt drei Stunden treffen wir auf die Ruinen der Holzfällersiedlung Samaria, den klassischen Rastplatz auf halbem Weg durch die Schlucht. 1962 wurden mit der Eröffnung des Nationalparks die letzten Bewohner des abgelegenen Dorfes nach Agia Roumeli umgesiedelt.

Kurz nach dem Dorf steht rechts des Weges eine weiße Kapelle. Links oben, am Gegenhang, versteckt sich das Kirchlein Osia Maria, das im 14. Jahrhundert erbaut wurde und schöne Ikonen und Fresken birgt. Sein Name wurde von den Kretern zu Sia Maria verkürzt, aus dem dann

Kriegsschiff aufgenommen. Vom Ausgangspunkt der Wanderung führt ein steiler, grober Serpentinenweg unter den mächtigen Wänden des Ginglios in den hinteren Schluchtgrund hinab. Xyloskalo, die Holztreppe, heißt dieser Wegabschnitt. Der Name erinnert an die Holzleitern, die die kretischen Partisanen in der Zeit der türkischen Besatzung für die schnelle Überwindung der Steilflanke anbrachten. Nach dem langen, steilen Abstieg erreichen wir die schlichte Kapelle Agios Nikolaos, die an Stelle eines antiken Apollon-Tempels errichtet worden sein soll.

Oberhalb von Agia Roumeli steht ein türkisches Fort, das einst den Ausgang der Samaria-Schlucht bewachte.

113

Über die tief eingeschnittene Samaria-Schlucht geht der Blick zu den mächtigen Gipfeln der Weißen Berge.

das Wort Samaria entstand. Auf dem Weiterweg durch das Tal rücken die Wände immer näher zusammen, und wir turnen über das im Bachbett aufgehäufte Geröll. Wir erreichen die engste Stelle der Schlucht, die »Eiserne Pforte« (Sidheroportes), von der die senkrechten Wände Hunderte von Metern in den Himmel wachsen. 1770 wehrten hier 200 kretische Widerstandskämpfer den Angriff eines starken türkischen Heeres ab und fügtem dem Feind schwere Verluste zu.

Unvermittelt weitet sich nach der »Eisernen Pforte« das Tal und entläßt uns in die gleißende Mittagssonne. Kurz darauf erreichen wir den offiziellen Ausgang der Samaria-Schlucht, an dem wir die Tickets abgeben müssen. Jetzt ist es nicht mehr weit zu den Häusern der alten Siedlung von Agia Roumeli, die 1952 von einem Hochwasser zerstört wurde. Vorbei an einer hübschen Kapelle zur Linken wandern wir zum Meer hinab. Rechts liegt auf einem Hügel eines der Kastelle, mit denen die Türken versuchten, die Samaria-Schlucht zu überwachen.

Am Rand der neuen Siedlung von Agia-Roumeli steht rechts

Durch die Samaria-Schlucht 27

über dem Weg die weiße Panagia-Kapelle aus dem 16. Jahrhundert. Sie wurde über einem Apollon-Tempel erbaut. Rings um das Kirchlein finden sich Reste eines römischen Fußbodenmosaiks. Wir stehen hier auf historischem Boden, denn die Gegend von Agia Roumeli war schon in minoischer Zeit besiedelt. In griechisch-römischer Zeit lag hier die bedeutende Stadt Tarra, und in venezianischer Zeit war Agia Roumeli dank der Wälder der Weißen Berge ein Zentrum des Schiffsbaus. Wenig blieb aus diesen Epochen erhalten. So lockt uns nach der langen Wanderung vor allem ein kühles Bad am nahen Strand von Agia Roumeli.

Informationen zur Tour

 Ausgangsort

Die Omaloshochebene bzw. das südlich gelegene Straßenende bei Xyloskalo (Holztreppe).

 Anfahrt

Mit eigenem Fahrzeug: Von Hania auf guter Straße in 42 Kilometern zum Ausgangspunkt südlich der Omalos-Hochebene (wegen der umständlichen Rückreise nicht zu empfehlen, besser mit Bus).

Bus: Von Hania mehrmals täglich Busse zum Ausgangspunkt.
Von Paleochora mehrmals wöchentlich Busse zum Ausgangspunkt.

 Rückfahrt

Von Agia Roumeli mehrmals täglich Schiffsverbindung nach Hora Sfakion, dort Busanschluß nach Hania.

 Einkehrmöglichkeiten

Nahe dem Schluchteingang und in Agia Roumeli.

 Unterkünfte

In Omalos mehrere Unterkünfte der preiswerten und mittleren Kategorie; z. B. Neos Omalos, Tel. 08 21/6 72 69. In Agia Roumeli größere Auswahl an preiswerten Unterkünften; z. B. Pension Agia Roumeli, Tel. 08 25/9 12 93; Taverne Tara und Pension Kalypso, Tel. 08 25/9 12 31.

 Öffnungszeiten

Je nach Wasserstand ist die Samaria-Schlucht von ca. Anfang Mai bis Ende Oktober täglich von 6 – 16 Uhr geöffnet. Eintrittskarten (ca. 9,00 DM für Erwachsene) am Einstieg in die Schlucht. Zur Kontrolle, daß niemand in der Schlucht übernachtet, müssen die Karten am Schluchtausgang wieder abgegeben werden.

Weitere Sehenswürdigkeiten

Die Agios-Pavlos-Kirche östlich Agia Roumeli (siehe Tour 28).

28 Von Agia Roumeli über Loutro nach Hora Sfakion

Tourenlänge
20 km

Durchschnittliche Gehzeit
7 1/2 Std.

Etappen
Agia Roumeli – Agios Pavlos 1 1/4 Std. – Loutro 4 Std. – Hora Sfakion 2 1/4 Std.

Steigungen
500 m

Interessantes am Weg
In Agia Roumeli byzantinische Kapellen und ein türkisches Kastell (siehe Tour 27); die einsame Kirche Agios Pavlos; der Hafenort Loutro.

Wegcharakter
Eine einfache, aber lange Wanderung entlang der einsamen Südküste Kretas. Das ganze Jahr über möglich, im Sommer sehr heiß. Mehrmals gute Bademöglichkeiten. Die Tour kann mit dem Fährschiff ab Loutro um 2 1/4 Std. verkürzt werden.

Wegmarkierungen
Rote, gelbe und blaue Farbmarkierungen und teils gelb-schwarze E4-Schilder.

Vom kleinen Hafen in Agia Roumeli folgen wir wenige Minuten dem Weg zur Samaria-Schlucht. Dann können wir dem Weitwanderweg E4 folgend den nur im Frühjahr Wasser führenden Samaria-Fluß nach rechts überqueren. Eine halbe Stunde wandern wir immer nahe der Wasserlinie bis zum Ausgang der Eligias-Schlucht, die aus den Weißen Bergen zur Küste herabführt. Unser Weg folgt, jetzt meist etwas oberhalb des Meeres, weiterhin der Küstenlinie. Wir erreichen die schon seit langem sichtbare byzantinische Kirche Agios Pavlos, die sich auf bröckelnden Felsklippen festklammert. Sie wurde im 10. Jahrhundert erbaut. Die im 12. Jahrhundert gemalten Fresken sind leider stark angegriffen. Unterhalb des Kirchleins dehnt sich kilometerweit ein herrlicher Strand, aus dem an mehreren Stellen Süßwasserquellen sprudeln. Auf seiner Fahrt nach Rom (siehe Tour 17) soll in diesen Quellen der Apostel Paulus Christen getauft haben.

Nahe der Kirche führt der gut zu erkennende Weg in den Wald hinauf. Bedeckt mit weichen Kiefernnadeln steigt der Pfad sanft an und führt uns zu einer Weggabelung, an der wir geradeaus gehen (links hinauf leitet ein Steig nach Agios Ioannis). Bald

Von Agia Roumeli nach Hora Sfakion 28

verlassen wir den Wald und queren längere Zeit auf dem rot markierten Weg hoch über dem Meer den schattenlosen Hang. Vor uns taucht die herrliche Marmorbucht auf, die am Ausgang der tief eingeschnittenen Aradena-Schlucht liegt. Hier erreichen wir wieder das Meer und gönnen uns nach der Hitze ein Bad.

Von der Marmorbucht führt der Weg etwas oberhalb der Küstenlinie weiter nach Osten (gelbe Markierungen). Über eine kurze Kletterstelle, die etwas Gleichgewichtssinn verlangt, steigen wir wieder zum Meer ab, an dem entlang wir die Tavernen am Lykos-Strand erreichen. Verschiedene Farbmarkierungen leiten uns an Niko's Taverne aufwärts. Weiße Steinmänner weisen daraufhin den Weg zum Kirchlein oberhalb der Finix-Bucht. Hier lag in der Antike die bedeutende, archäologisch noch nicht erforschte Hafenstadt Phinix. Neben dem kleinen Gotteshaus klettern wir über einen Zaun und steigen zu den nahen Gebäuden (Taverne und Pension) in der Finix-Bucht hinab. Von hier den blauen und roten Markierungen folgend an einer Stromleitung entlang aufwärts zum türkischen Kastell aus dem 17. Jahrhundert und jenseits auf steilem Weg hinab nach Loutro.

Obwohl das abgelegene, auf Straßen nicht zu erreichende Fischerdorf vom Tourismus entdeckt wurde, besitzt es noch immer seine Reize.

In Loutro gehen wir an der Bucht entlang nach links. Kurz vor dem Ortsende steigen wir bei der Taverne To Kri Kri den Hang aufwärts. Nach ca. 30 Metern beginnt rechts nach einem Gatter der Küstenweg nach Hora Sfakion. Längere Zeit läuft der deutlich ausgeprägte Pfad etwas oberhalb der Küste durch den Hang, bis wir zu einem ersten Strand absteigen. Vom Strand geht der Weg wieder landeinwärts und schneidet die kleine

117

Halbinsel, auf der die weiße Kapelle Agios Stavros liegt. Kurz darauf erreicht der Weg einen langen, wunderschönen Sandstrand, der von mächtigen Felswänden überragt wird. Über Sand und Kies wandern wir am Meer entlang, bis der Weg wieder deutlicher wird. Er leitet uns durch Felsblöcke und Schutthalden aufwärts und quert dann durch eine senkrechte Felswand. Einige Serpentinen leiten uns anschließend hinauf zur Teerstraße nach Anopoli. Rechts führt sie uns in 45 Minuten nach Hora Sfakion.

Auf halbem Weg von Loutro nach Hora Sfakion erreichen wir kurz nach der Agios-Stavros-Kapelle diesen Traumstrand.

Informationen zur Tour

 Ausgangsort

Agia Roumeli liegt an der kretischen Südküste unweit des Ausgangs der Samaria-Schlucht.

 Anfahrt

Mit eigenem Fahrzeug: Auf gut ausgebauten Straßen von Osten oder von Norden nach Hora Sfakion. Von dort mehrmals täglich Fähren nach Agia Roumeli.
Bus: Mehrmals täglich Busse von Hania und ein- bis zweimal täglich Busse von Agia Galini nach Hora Sfakion. Von dort mit der Fähre nach Agia Roumeli.
Mehrmals täglich Busse von Hania nach Paleochora. Von dort mit der Frühfähre (zwischen 8 und 9 Uhr) nach Agia Roumeli.
Zu Fuß: Durch die Samaria-Schlucht (siehe Tour 27).

 Einkehrmöglichkeiten

In Agia Roumeli, in den Buchten vor Loutro und in Loutro.

Unterkünfte

In Agia Roumeli größere Auswahl an preiswerten Unterkünften; z. B. Pension Agia Roumeli, Tel. 08 25/9 12 93; Taverne Tara und Pension Kalypso, Tel. 08 25/9 12 31.
In den Buchten vor Loutro und in Loutro zahlreiche Unterkünfte der preiswerten und mittleren Kategorie.
In Hora Sfakion zahlreiche Unterkünfte der preiswerten und mittleren Kategorie.

29 Von Hora Sfakion über Anopolis nach Loutro

 Tourenlänge
9 km

 Durchschnittliche Gehzeit
4 Std.

 Etappen
Hora Sfakion – Anopolis 2½ Std. – Loutro 1½ Std.

 Steigungen
600 m

 Interessantes am Weg
Die Hafenbucht von Loutro.

 Wegcharakter
Einfache Wanderung auf alten Verbindungswegen, im Sommer sehr heiß. Man kann von Loutro nach Hora Sfakion zurückwandern (gute Bademöglichkeiten).

 Wegmarkierungen
Zwischen Anopolis und Loutro teilweise rot.

Wir verlassen Hora Sfakion auf der Straße nach Anopolis, die am oberen Ortsrand nach Westen läuft. Ca. 100 Meter nach dem letzten Haus beginnt rechts über der steilen Straßenböschung ein alter, gepflasterter Weg, der durch den Hang zu einer Schotterstraße hinauf leitet. Auf ihr nach links und bald leicht fallend bis zu einer Linkskurve am Rand einer Schlucht. Hier finden wir rechtshaltend die schwach ausgeprägte Fortsetzung des alten Wegs (Steinmänner), der nach kurzer Strecke unübersehbar durch die steilen Hänge in den von grandioser Gebirgsszenerie eingerahmten Schluchtgrund leitet.

Jenseits wandern wir auf dem gut sichtbarem Pflastersteig in den linken der beiden Schluchtäste hinauf. Bald wendet sich der Weg in den Schluchtgrund und leitet im Bachbett aufwärts. Nach oben hin werden die Hänge flacher, und das Tal verzweigt sich. Der nun wieder deutliche Weg führt hier kurz zwischen den Tälern aufwärts und wendet sich dem linken Bachlauf zu. Immer nahe dem Talgrund wandern wir bis zu einer Schotterstraße, die wir vor einem Pumpenhaus erreichen. Auf ihr rechts durch das Tal aufwärts, bis wir nach fünf Minuten links die deutliche Fortsetzung des alten Weges finden, der entlang einer Stromleitung wieder zur Schotterstraße leitet. Auf ihr kurz aufwärts und an der folgenden

Kehre geradeaus zu einem **weiteren Pumpenhaus**. Oberhalb des Gebäudes setzt der alte Weg wieder an, der uns zur Teerstraße hinauf bringt. Auf ihr wenige Meter nach rechts und in der nächsten Kehre geradeaus zum nahen Pflasterweg hinauf. Dort, wo sich unterhalb des **Sendemastes** der alte Weg verliert, wandern wir geradewegs durch den Bergsattel zu einem von hohen Steinmauern umgebenen Feld. Rechts an der Mauer entlang zu einem Gatter, hinter dem ein Schotterweg beginnt. Auf ihm durch zwei weitere Tore, bis wir die Asphalt-

Die wolkenverhüllten Gipfel der Weißen Berge schauen auf die Hochebene, auf der die Streusiedlung Anopolis liegt.

Von Hora Sfakion über Anopolis nach Loutro **29**

straße nahe eines Restaurants mit Zimmervermietung erreichen. Auf ihr wenden wir uns nach links und gehen zum südöstlichen Ortsteil der Streusiedlung Anopolis. Von der einstmals bedeutenden Stadt, die hier von der Antike bis in byzantinische Zeit lag, ist nichts erhalten geblieben. Das nahe Loutro gelegene Phinix war der zugehörige Hafen. Während der türkischen Herrschaft war die ganze Sfakia, wie das wilde Bergland rund um Hora Sfakion genannt wird, ein Zentrum des Widerstandes. Im westlichen Ortsbereich von Anopolis findet man ein Denkmal des Deskalojannis, der hier geboren wurde. Er war im 18. Jahrhundert der berühmteste Rebell der Sfakia. 50 Meter nach einem Kafenion steigen wir rechts zu einer Betonpiste hinab, die geradewegs durch das Dorf zur Kirche leitet. Ca. 30 Meter vor der Kirche in einer Linkskurve rechts auf einen Hof. Rechts beginnt hier ein schmaler Weg, der zwischen Steinmauern aus dem Ort leitet. Kurz nach einem Gatter verliert sich der Weg, und wir folgen einer Pfadspur geradeaus über eine kleine Ebene und dann abwärts durch eine Mulde. Zum ersten Mal öffnet sich nun der berauschende Blick über die kahle Südküste und zur Bucht von Loutro. Unser Weg zieht bald nach rechts und trifft auf den teils rot markierten Weg, der von einer Bergkapelle herabführt. Auf ihm steigen wir links zu einer Schotterstraße hinab, folgen ihr kurz nach rechts und finden die Fortsetzung des Wanderwegs. Noch einmal überqueren wir die Straße und wandern dann auf dem Weg abwärts Richtung Loutro. Bei einigen Felsköpfen oberhalb der Bucht gabelt sich der Weg. Rechts gelangt man, vorbei an der türkischen Festung, zur Bucht von Finix (siehe Tour 28). Wir bleiben links und steigen über Serpentinen direkt zum Hafenbecken von Loutro ab.

Informationen zur Tour

Ausgangsort
Der Hafenort Hora Sfakion liegt an der Südküste der Provinz Hania.

Anfahrt
Mit eigenem Fahrzeug: Auf guten Straßen von Norden oder Osten nach Hora Sfakion.
Bus: Gute Busverbindungen mit Hania (in Vrisses Umsteigemöglichkeit in die häufig befahrene Nordküstenlinie Richtung Rethimnon und Iraklion).

Ein- bis zweimal täglich Busverbindung mit Plakias und Agia Galini an der Südküste.
Schiff: Mehrmals täglich Schiffsverbindung nach Agia Roumeli, dort Umsteigemöglichkeit von und nach Paleochora.
Mehrmals wöchentliche Schiffsverbindung zwischen Agia Galini, Plakias und Hora Sfakion.
Taxi: In Hora Sfakion.

 Rückfahrt
Von Loutro kann man die Fähre zurück nach Hora Sfakion nehmen oder auf dem in Tour 28 beschriebenen Weg zum Ausgangspunkt zurückwandern.

 Einkehrmöglichkeiten
In Hora Sfakion, Anopolis und Loutro.

 Unterkünfte
In Hora Sfakion und Loutro große Auswahl an Unterkünften der preiswerten und mittleren Kategorie.
In Loutro einige preiswerte Pensionen und Privatzimmer.

 **Weitere Sehenswürdigkeiten**
In Aradena westlich von Anopolis die über einer frühchristlichen Basilika erbaute Michail-Archangelos-Kirche mit Fresken aus dem 14. Jh.

Durch eine tief eingeschnittene Schlucht führt uns der alte Verbindungsweg hinauf nach Anopolis.

30 Durch die Imbros-Schlucht

Tourenlänge	8 km
Durchschnittliche Gehzeit	2½ Std.
Etappen	Komitades – Engstelle 1½ Std. – Komitades 2½ Std.; oder Imbros – Komitades 2 Std.
Steigungen	250 m
Interessantes am Weg	Die teils sehr enge Schlucht.
Wegcharakter	Unschwierige, auch für Kinder geeignete Schluchtwanderung in grandioser Gebirgsszenerie. Die Schlucht führt nur im Winter Wasser und ist im Sommer der Sonne stark ausgesetzt.
Wegmarkierungen	Teils rote Punkte, teils schwarzgelbe E4-Schilder.
Eignung für Kinder	Für Kinder besonders geeignet.

Heute führt eine grandiose Panoramastraße in zahllosen Kehren vom 750 Meter hoch gelegenen Bergdörfchen Imbros zum Hafenort Hora Sfakion hinab. Nur wenig östlich durchreißt die tief eingeschnittene Imbros-Schlucht die Berge. Durch sie lief bis weit in das 19. Jahrhundert der alte Verbindungsweg, der Hora Sfakion mit der Askifou-Ebene und der kretischen Nordküste verband. Mehrmals stoßen wir bei der Wanderung auf das Pflaster des ehemaligen Maultierweges. Wer mit eigenem Fahrzeug anreist, der erkundet die Schlucht am besten von unten her. So durchwandert man die beeindruckendsten Abschnitte und kann nach der engsten Stelle in der Schluchtmitte wieder zum Ausgangspunkt zurückkehren. Bei Anreise mit dem Bus ist Imbros als Ausgangspunkt vorzuziehen, da man die ganze Schlucht im Abstieg erleben kann.

Von Komitades aufwärts

Von der Teerstraße östlich von Komitades folgen wir den Wegspuren durch das breite Schotterbett aufwärts (gelb-schwarze E4-Wegweiser). Nach wenigen Minuten rücken die Felswände nahe zusammen. Vom alten Pflasterweg sind nur kurze Abschnitte erhalten, die den Füßen ein wenig Erholung nach dem meist groben Schotter gönnen. Nach ca. 30 Minuten beeindruckt ein großes Naturtor, das der Fluß im Laufe der Jahrtausende in die Felsen gesprengt hat. Im

Jahre 1867 versteckten sich nach einem Aufstand der Kreter gegen die Türken in einer nahen Höhle Frauen und Kinder. Als sie aufgespürt wurden, wurden sie allesamt von den türkischen Soldaten getötet.

Oberhalb des Tores weitet sich das Tal, und schattenspendender Wald schützt uns vor der Sonne.

Auf längeren Abschnitten weist uns nun die alte Pflasterung den Weg durch die Schlucht, deren Wände jetzt himmelhoch aufragen. Nach gut einer Stunde erreichen wir ein **Stallgebäude** mit Zisterne, an der ein alter Hirte kühle Getränke verkauft. Überdachte Sitzgelegenheiten verführen uns zu einer längeren Rast, bis die Strahlen der tieferstehenden Sonne nicht mehr den Weg zum Grund der Schlucht finden. Wenige Meter oberhalb beginnt der engste Teil der Imbros-Schlucht. In Kurven schwindelt sich das Bachbett durch die dunkelgrauen Kalkwände, die lediglich eine Armspanne trennt. Oberhalb der **Engstelle** machen wir kehrt und wandern durch die Schlucht zurück zum Ausgangspunkt.

Von Imbros abwärts

In **Imbros** finden sich mehrere Hinweisschilder, die den Weg durch die Schlucht anzeigen. Eine anfangs sanfte Talmulde zieht sich vom Dorf nach Süden und gibt die Richtung vor. Der Weg ist nicht zu verfehlen. Schon bald verengen sich die Talhänge zu einer Schlucht. Nach ca. einer Stunde ist die engste Stelle der Schlucht erreicht. Immer im Schluchtgrund leitet uns der deutliche Weg hinab an den

Durch die Imbros-Schlucht 30

Im unteren Teil der Imbros-Schlucht führt uns der alte Weg an diesem herrlichen Naturbogen vorbei.

Ortsrand von Komitades. Rechts erreicht man entlang der Teerstraße das nahe Ortszentrum.

Informationen zur Tour

 ## Ausgangsort
Komitades an der von Hora Sfakion nach Osten verlaufenden Küstenstraße oder Imbros an der von Hora Sfakion zur Nordküste führenden Straße.

 ## Anfahrt
Mit eigenem Fahrzeug: Etwa 3 Kilometer oberhalb Hora Sfakion von der Hauptstraße rechts in Richtung Frangokastello und Plakias abbiegen. Auf der Hauptstraße durch Komitades und zu einem Parkplatz, der am östlichen Ortsrand kurz nach den Tavernen »Imbros Gorge« und »Komitades« rechts der Straße liegt (hier Hinweisschild »Imbros Gorge« und gelb-schwarze E4-Wegweiser).
Bus: Imbros liegt an der mehrmals täglich befahrenen Buslinie Hania – Hora Sfakion.
Von Komitades ein Vormittagsbus in Richtung Hora Sfakion (entlang der Straße in ca. einer Stunde zu Fuß zu erreichen) und ein Nachmittagsbus über Frangokastello nach Plakias und Agia Gallini.
Taxi: In Hora Sfakion.

 ## Einkehrmöglichkeiten
In Imbros und Komitades.

Unterkünfte
In Imbros und Komitades preiswerte Privatzimmer.
In Hora Sfakion größere Auswahl an Unterkünften der preiswerten und mittleren Kategorie.
In Frangokastello mehrere Pensionen und Privatunterkünfte der preiswerten und mittleren Kategorie.

 ## Weitere Sehenswürdigkeiten
Nahe Komitades die Agios-Georgios-Kirche mit schönen Fresken von 1314; in Frangokastello das 1371 erbaute venezianische Kastell.

Reiseinformationen von A bis Z

Allgemeine Auskünfte
Griechische Zentralen für Fremdenverkehr in Deutschland:
Wittenbergplatz 3a
10789 Berlin
Tel. (0 30) 2 17 62 62 und
2 17 62 63

Neue Mainzer Straße 22
60311 Frankfurt/Main
Tel. (0 69) 23 65 61 – 63
und 23 65 76

Abteistraße 33
20149 Hamburg
Tel. (0 40) 45 44 98

Pacellistraße 2
80333 München
Tel. (0 89) 22 20 35
und 22 20 36

Griechische Zentrale für Fremdenverkehr in Österreich
Opernring 8
1010 Wien
Tel. (02 22) 512 53 17
und 512 53 18

Griechische Zentrale für Fremdenverkehr in der Schweiz
Löwenstraße 25
8001 Zürich
Tel. (01) 221 01 05

Ausländische Vertretungen auf Kreta
Deutsches Konsulat in Iraklion
Zografou Str. 7
Tel. (0 81) 22 62 88
Mo – Fr 9 – 12 Uhr

Deutsches Honorarkonsulat in Hania
Daskalojannis Str. 64
Tel. (08 21) 5 79 44
Mo – Fr 8 – 13 Uhr

Österreichisches und Schweizer Konsulat in Iraklion
c/o Cretan Holidays
Dedalou Str. 36
Tel. (0 81) 22 22 13
und 22 33 79

Autoversicherung
Bei Anreise mit eigenem Fahrzeug grüne Versicherungskarte; empfehlenswert ist ein zusätzlicher Auslandsschutzbrief.

Einreisepapiere
Für deutsche und österreichische Staatsbürger genügt der Personalausweis, für Schweizer die Identitätskarte.

Filmmaterial
Sollte man bereits vor der Reise kaufen, da es in Griechenland sehr teuer ist.

Reiseinformationen von A bis Z

Krankenschein
Mit dem Auslandskrankenschein der Kassen sehr umständliche medizinische Abrechnung. Besser bar zahlen und zu Hause gegen Quittung mit der Krankenkasse abrechnen. Günstig ist eine zusätzliche Auslandskrankenversicherung (enthält Krankenrücktransport in die Heimat).

Kreditkarten
Große Akzeptanz vor allem von Visa und Eurocard.

Notruf
Polizei Tel. 100
Ambulanz Tel. 106
Pannenhilfe Tel. 104

Öffentliche Verkehrsmittel
Sehr gute Busverbindungen entlang der kretischen Nordküste von Sitia bis Hania. Die kleineren Ortschaften sind im Normalfall von den jeweiligen Präfekturhauptstädten Agio Nikolaos, Iraklion, Rethimnon und Hania aus zu erreichen.

Öffnungszeiten
Geschäfte: Vormittags ca. 8.30 – 14 Uhr, abends 17 – 20.30 Uhr; vor allem in Touristenzentren und kleineren Dörfern den ganzen Tag geöffnet.
Banken: Mo – Fr 8 – 14 Uhr.
Post: Mo – Fr 8 – 14.30, in den Städten teilw. bis 20 Uhr und Sa.

Telefon
Entweder aus den Räumen der Telefongesellschaft OTE, die in jedem größeren Ort zu finden sind (geöffnet von 8 – 15 Uhr, in Städten teils bis Mitternacht), oder einfacher von einem der vielen Kartentelefone (Karten können bei OTE, der Post, in Supermärkten und Kiosken gekauft werden).
Vorwahl von Kreta
nach Deutschland 00 49,
nach Österreich 00 43,
in die Schweiz 00 41;
internationale Vorwahl von Griechenland 00 30 (die 0 am Beginn der Ortsvorwahl entfällt).

Uhrzeit
Das ganze Jahr über eine Stunde mehr als die mitteleuropäische Zeit.

Unterkünfte
In Kreta gibt es vor allem entlang der Küsten eine große Auswahl an Unterkünften, die in diesem Führer in die drei Kategorien preiswert (bis 30,– DM pro Person und Nacht), mittel (30,– bis 70,– DM) und gehoben (über 70,– DM) eingeteilt sind. Die Preise können saisonal schwanken.
Campingplätze findet man in Kreta ausschließlich entlang der Küsten.

Ortsregister

Kursive Ziffern verweisen auf Abbildungen, geradestehende auf Textstellen.

Afendis Stavromenos 25, 27
Agia Roumeli 112, 113, *113*, 114, 115, 116
Agio Farago 75, 77
Agios Antonios *70*, 71
Agios Georgios 48
Agios Nikolaos 36
Agios Pavlos 116
Anidri *105*, 106, *107*
Anopolis *120*, 121
Arhanes 57, 58, 59, *60*
Azogires 104

Diktäische Grotte 47
Diktamos-Schlucht 90
Dzermiado 46, 48, 50, 52, 53, *54*

Elounda 38, 41, 42

Falassarna 97, *98*, 99

Hamilo 35, 37

Hania 90
Hohlakies 18, 20
Hohlakies-Schlucht 19, *20*
Hora Sfakion 118, 119, 121, 123
Hromonastiri 86

Idäische Grotte 61
Ierapetra 29
Imbros 123, 124
Imbros-Schlucht 123, 124, *125*

Jouhtas 57, 58, *59*

Kali Limenes 74
Kapediana 87, *87*
Kapetaniana 69, 72
Karfi 51
Kastelli 101
Katahori 90
Katoumes-Strand 18, *19*, 20
Kato Zakros *15*, 16, 17
Kavousi 25, 26, 27
Komitades 123, 125
Konfinas 69, 70, *73*
Kritsa 3 2, 37
Kritsa-Schlucht 32, 33

Lassithi-Ebene 8, 45, 46, *47*, 50, 54, *56*
Lato 35, 36, *37*

Lisos 109, *110*
Loutro 117, 121

Matala 74
Messara-Ebene 69
Mirtos 29
Mithi 29
Moni Agia Triada 94, 96
Moni Agios Nikolaos 65, 66
Moni Gouverneto 94
Moni Katholiko 95
Moni Kato Preveli 78, *80*
Moni Koudouma 71
Moni Odigitria 74
Moni Piso Preveli 79
Moni Valsamonero 65
Moni Vrondissi 65

Nidha-Hochebene 61, *63*

Olous 38
Omalos-Ebene 112

Paleochora 107, 110, 111
Panagia Kera 32, *34*
Panagia Serwiotissa 90, 92, *93*
Patsos 83
Petsofas 22, *22*, 23
Phinix 117, 121

Pirgos 29, *31*
Plaka 41, 42, 44
Polyrinia 100, 101
Preveli (Palmenstrand) *1*, 79, *82*
Psihro 47
Psiloritis 63

Rethimnon *10*, 83, 89
Rousolakos 21, 23, *24*
Rouwas-Schlucht 65, *67*

Samaria-Schlucht 112, 113, *114*
Sarakinas-Schlucht 29
Selena 53, 55, *56*
Sougia 108
Spinalonga (Halbinsel) 38, 40, 41
Spinalonga (Insel) 41, 42, *43*
Stilos 91

Tal der Toten *15*, 16
Tripti 25
Tsikhliana-Schlucht 100, *102*
Tsirita-Schlucht 83, *84*

Vrissinas 88, *88*

Zakros 14, 17
Zaros 65, 68